中国农户耕地休养行为研究：理论与经验

ZHONGGUO NONGHU GENGDI XIUYANG XINGWEI YANJIU：

LILUN YU JINGYAN

卢 华 著

中国农业出版社

北 京

耕地健康是全方位夯实粮食安全的根基之一，如何有效缓解我国耕地污染和耕地质量退化，保护和提升耕地质量是保障国家粮食安全的重要保障。由于经济发展和城镇化的快速推进，我国多数省份已丧失了大量的优质耕地。2004 年以来，我国粮食产量连续 9 年稳定在 1.3 万亿斤以上。在农业科技进步和粮食单产增加作用下的粮食连年增产，一定程度上掩盖了我国很多地区地力严重透支、耕地污染加重和农产品品质降低的严峻现实。与发达国家相比，我国耕地地力偏低 20～30 个百分点。2014 年国家环境保护部与国土资源部联合发布的《全国土壤污染状况调查公报》显示，我国农田土壤污染点位超标率为 19.4%，南方土壤污染重于北方，长江三角洲、珠江三角洲、东北等部分区域土壤重金属超标范围较大，近几年发生的多起与耕地污染相关的事件直接造成人类健康隐患。为此，党的十九大报告提出"健全耕地休养生息制度"。党的二十大报告进一步指出要"加强土壤污染源头防控"。习近平总书记在 2022 年中央农村工作会议上也强调"要抓住耕地和种子两个要害，夯实粮食安全根基，保障粮食和重要农产品稳定安全供给"。

耕地休养是实现耕地健康的重要途径。持续深化耕地休养，是确保任何时候端稳端牢中国饭碗的关键。耕地休养不仅要"休耕"，还要注重"养护"。农户是实现耕地休养的微观基础，农户对耕地保护的重视程度一定程度上直接决定了耕地休养的质量。政府主导的耕地休养尽管能有效满足耕地质量提升的客观需要，但农户主动实施的耕地休养行为对降低道德风险、减少执行冲突和降低成本具有重要意义。现实中，不同耕地休养措施存在一定的替代或互补关系，如种植绿肥、施用农家肥和深松耕地等具有劳动（相对）密集型性质的措施；农作物秸秆还田和有机肥施用等具有资本（相对）密集型性质的措施。农业生产是自然生产和社会再生产的有机结合，投入和产出具有时间的不一致性，不同耕地休养措施都是当期投入，效益往往在未来几个月甚至 1～2 年之后才能见效，农户耕地休养的正外部性无法在短期内得到补偿。

近年来，在农业强国、乡村振兴和农业农村现代化推进的大背景下，我国农户之间的异质性突出。由于要素禀赋、时间偏好和农业经营方式等差异，不同农业经营主体的耕地休养方式和选择偏好等均存在差异。本书主要从农户异质性视角，围绕耕地利用的"产前-产中-产后"不同环节，采用描述性统计分析方法和计量经济学方法，研究农户耕地休养的行为机制及其影响，厘清不同农户在耕地利用的"产前-产中-产后"不同环节上的耕地休养行为逻辑。研究成果对政府采取措施，有效促进异质性农户进行耕地休养具有重要的应用价值，在尊重农民意愿基础上，可以为科学、有序和低成本的推进耕地休养提供决策参考，同时也可为党的二十大报告指出的"加强土壤污染源头防控"提供经验借鉴。

诚然，农户耕地休养行为的相关领域还仍然存在很多问题值得探索，限于作者研究能力限制，在理论和方法运用上还不够成熟，书中难免有欠妥之处，恳请读者不吝斧正。

CONTENTS **目　录**

第一章　绪　　论

第一节　问题的提出与研究意义

一、研究背景

如何有效缓解我国耕地质量退化，保护和提升耕地质量是保障国家粮食安全的重要保障。耕地是粮食生产的基石和载体，忽视耕地休养，高强度利用耕地，会制约农业可持续发展。2004年以来，我国粮食产量连续9年稳定在1.3万亿斤*以上。然而，在粮食增产的同时，耕地的只用不养、高强度利用和化肥农药过量使用等现象，导致部分耕地土壤养分失衡，地力严重透支和耕地污染加重。《2016中国国土资源公报》显示，截至2016年末，我国耕地总面积为20.24亿亩**，年内净减少耕地4.35万公顷，中等和低等耕地面积占全国耕地评定总面积的70.5%。与发达国家相比，我国耕地地力偏低20~30个百分点[①]。2014年国家环境保护部与国土资源部联合发布的《全国土壤污染状况调查公报》显示，我国农田土壤污染点位超标率为19.4%，以重金属污染为主，其中镉、汞、砷、铜、铅5种无机污染物点位超标率分别为7.0%、1.6%、2.7%、2.1%和1.5%。从污染分布情况看，南方土壤污染重于北方，长江三角洲、珠江三角洲、东北等部分区域土壤重金属超标范围较大，而这些地区正是我国主要的粮食产区。此外，我国粮食

---

*　1斤＝500克。

**　1亩＝1/15公顷。

①　数据来源于2015年农业部印发的《耕地质量保护与提升行动方案》。

主产区耕地重金属污染呈现出上升趋势，点位超标率从 7.16％增加到了 21.49％。另外一组经常被学界引用的数据是，全国有 2 000 万公顷耕地受重金属污染，占全国耕地总面积的 1/6，粮食每年因此减产 1 000 万吨，受污染的达 1 200 万吨，发生了几起与重金属污染相关的事件。国家疾控中心曾对 1 000 余名 0～6 岁儿童铅中毒情况进行监测，结果显示，23.57％的儿童血铅水平超标。重金属在自然环境中易富集，不易随水淋滤，不能被微生物降解，在土壤中累积后会通过食物链途径在植物、动物和人体内富集，直接造成人类健康隐患。

耕地健康是全方位夯实粮食安全的根基之一。持续深化耕地休养，是确保任何时候端稳端牢中国"饭碗"的关键。为此，2015 年农业部印发《耕地质量保护与提升行动方案》，并指出"鼓励引导生产者，特别是新型农业经营主体采取用地养地结合的措施，保护耕地质量"；到 2020 年，肥料利用率达到 40％以上，测土配方施肥技术推广覆盖率提高到 90％以上，农作物秸秆养分还田率达到 60％以上。2016 年 6 月，农业部、中央农办等 10 部委联合印发《探索实行耕地轮作休耕制度试点方案》，提出重点在湖南重金属污染区开展治理式休耕，规定在休耕期间，严禁种植食用农产品，优先种植生物量高、吸收积累作用大的作物；对于可以确定污染责任主体的，由污染者履行修复治理义务，政府提供修复资金和休耕补助。党的十八届五中全会提出"探索实行耕地轮作休耕制度试点"。党的十九大报告提出"健全耕地休养生息制度"。党的二十大报告进一步指出要"加强土壤污染源头防控"。习近平总书记在 2022 年中央农村工作会议上也强调"要抓住耕地和种子两个要害，保障粮食和重要农产品稳定安全供给"。

二、问题的提出

耕地休养是实现耕地健康的重要途径。耕地休养不仅要"休耕"，还要注重"养护"。耕地休养不仅要对农户的土地利用进行限制，还要求对耕地有一定投入。"休耕"是指在可种作物的季节停止种植活动，以恢复地力；休耕并不是抛荒或弃荒，休耕期间需做好休耕地的管理养护，促进土壤潜在养分转化，避免土地抛荒引起新的生态破坏。"养护"是指通过轮作、种植绿肥、施用有机肥、测土配方施肥、秸秆还田、施用石灰等行为，以提升地力。不同耕地休养措施存在不一样的替代或互补关系，如种植绿肥、施用农家肥等具有劳动（相对）密集型性质的措施；商品有机肥、测土配方施肥等具有资本（相对）密集型性质的措施。现实中，我国农户普遍存在耕地休养不积极的问题，耕地质量保护政策效果也并不十分理想。如秸秆养分还田率仅为 40％左右，畜禽粪便还田率约 55％左右，传统人工施肥方式仍然占主导地位，化肥过量施用也较为严重。农户参与是实现耕地休养的微观基础，直接决定了耕地休养的质量，而农户是否参与或采取耕地休养措施，受家庭禀赋、时间偏好和外在市场环境等影响。

近年来，农业规模化经营加快，农户不断分化，异质性突出。不同农户家庭禀赋、时间偏好和适应市场环境的情况不同，对不同耕地休养措施会表现出不同的决策行为和差异，其关系和内在机制需进行进一步深入研究。截至 2016 年末，我国家庭农场、农民专业合作社和农业龙头企业等不同新型农业经营主体竞相发展，总量达到 280 万个[①]；规模经营户为 398 万户[②]；不容忽视的是，经营规模在 50 亩以下的农户有近 2.6 亿户，经营耕地面积占全国总耕地面积的 82％左右，户均耕地 5 亩左右[③]，小农长期并大量存在也是基本国情[④]。同时，随着农业供给侧结构性改革的深入推进和人民收入水平的提高，城乡居民消费结构日益升级，人们对优质农产品的需求不断增多。农业政策也从增产导向转向提质导向，农户环境认知能力正不断提高。此外，不同经营规模农户的资源禀赋和行为方式不一样，对种粮目的偏好也会存在差异。小农户拥有的农地承包权期限较长，但经营规模小、农业收益低，很难刺激农户农业生产投资（钟甫宁等，2009）；规模较大农户的土地以转入地为主，地权期限以土地转入年限为准，拥有较长土地转入年限的规模户可能更倾向于长期投资，并且规模户抵抗风险的能力相对较强，对追求农业长期收益最大的偏好也会更强，为追求长期收益最大，农户创新农业经营方式的动机会增强，也会自发探索耕地休养，比如休耕、轮作、种植绿肥、施用有机肥等。

---

① 数据来源于《农民日报》2017 年 3 月 8 日第 06 版。
② 数据来源于第三次全国农业普查。
③ 数据来源于原农业部网站。
④ 数据来源于《农民日报》2017 年 11 月 21 日第 001 版。

随着农地"三权分置"不断推进和非农就业机会不断增多，农地流转活动日趋活跃，农地流转更规范期限也更长（叶剑平等，2013），土地经营权和转入户对土地的长期预期不断趋于稳定；"第二轮土地承包到期后再延长三十年"使得土地承包权的稳定性有了政策保障。农地流转在客观上也造成自有地与转入地在地权属性上的差异，不同流转期限下转入地之间亦存在经营权稳定性的差异，影响着转入户的耕地休养行为。此外，农地流转带来地块连片经营程度不断增加，规模经营效益显现，在利益最大化追求下，农户耕地掠夺性开发可能增强；又因统一施用化肥农药、提高施用效率、减少施用次数，对耕地休养产生正外部性；随着土地经营权不断稳定，因地权差异带来的农户农地投资差异也可能缩小。如何在农地流转深入推进下，加强耕地休养，避免"竭泽而渔"，成为亟须解决的现实问题。

综上分析，为在尊重农民意愿基础上科学有序地推进耕地休养，有一系列问题需要通过研究予以回答：①不同农户参与耕地利用"产前-产中-产后"环节耕地休养的行为机理是什么？②土地细碎化、不同流转期限和耕地休养的效益预期又会对"产前-产中-产后"环节上的耕地养护行为带来怎样影响？有何差异？原因是什么？③异质性农户对异质性耕地养护措施（如休耕、耕地重金属污染治理、种植绿肥、有机肥、秸秆还田等）的行为决策和差异是什么？④快速发展的农业社会化服务对我国耕地利用会产生怎样的影响？在全方位夯实粮食安全根基的时代要求下，迫切需要就农户耕地休养行为进行深入系统的理论与实证研究。

三、研究意义

本书具有重要的理论意义和应用价值。在理论上，耕地休养是实现耕地健康的重要途径。持续深化耕地休养，是确保任何时候端稳端牢中国饭碗的关键，有利于改善耕地质量、保护潜在农产品生产能力和调整优化种植结构，缓解我国农业大而不强、多而不优、竞争力弱的问题。通过深入研究农户对休耕地养护的行为特征、农地产权、环境认知、非农就业和农地流转等对异质性农户耕地休养行为的作用机制及其影响，有助于深入认识和理解异质性农户的行为逻辑，丰富耕地休养领域的研究内容，具有重要的学术价值。本专著对于当前正在推进的其他环境友好型农业行为也具有借鉴意义。

在应用上，研究成果对政府紧盯"田间地头"和"舌尖上的安全"、把好"食品安全第一道关"和保障"群众吃得放心"提供对策参考，也可为党的二十大报告指出的"加强土壤污染源头防控"和2023年中央1号文件强调的"加强农用地土壤镉等重金属污染源头防治"提供理论基础和政策建议。

第二节 研究目标与研究内容

一、研究目标

本专著的总目标是依据农业经济学、劳动经济学和人口学的基本理论，结合我国农地和劳动就业市场快速发展的特定背景，分析中国农户的耕地休养行为机制及其影响。具体而言，主要分析中国农户耕地"休耕"和休耕地"养护"主要受哪些因素影响，作用路径是什么；对不同的耕地"养护"措施，农户会表现出怎样的决策行为差异，不同农户的差异化决策又是受什么因素影响，为在尊重农民意愿基础上科学有序地推进耕地休养提供决策参考。

基于总目标，本书设定如下6个具体研究目标：

（1）针对产前环节：基于休耕角度，分析农户对休耕地养护的作用机制及其影响方向和程度。

（2）针对产前环节：基于养护角度（下同），从环境认知和非农就业视角，分析异质性农户对耕地重金属污染治理的作用机制及其影响方向和程度。

（3）针对产中环节：从种粮目的和经营规模视角，分析农地产权对农户有机肥施用的影响机制及其影响方向和程度。

（4）针对产后环节：从环境认知和资源禀赋视角，分析异质性农户对农作物秸秆还田行为的作用机制及其影响方向和程度。

（5）针对全产业链环节：从农地流转和土地细碎化视角，分析农户选择不同耕地休养措施的行为机制及其影响方向和程度。

（6）从农业社会化服务视角，探讨其对不同农户耕地撂荒行为的影响。

二、研究内容

针对上述研究目标，本书将从耕地利用的"产前-产中-产后"视角，利用宏观统计数据、已有研究的二手数据、农户微观调查数据、农业农村部农村固定观察点数据和历年宏观统计数据，重点研究以下内容：

1. 中国耕地休养的基本现状、特征及其趋势

我国是世界上历史最悠久的农业大国，具有5 000年的文明史，在漫长的农业历史进程中，积累了丰富的农业生产技术和宝贵的农业生产经验。本部分将主要利用宏观统计数据、已有研究的二手资料数据，描述中国耕地休养的产生背景、发展历程及主要模式。从宏观视角，系统观察我国不同地区耕地休养的类型和主要模式，为后续科学观察该地区农户耕地休养行为提供基本判断。

2. 针对产前环节，揭示农户耕地休耕行为特征及其影响因素

耕地休养不仅要"休耕"，还要注重休耕地的"养护"。休耕并不是简单的停止耕种或废耕，要做到"休而不退、休而不废"，要避免"休而不养""应养未养"甚至"不休不养"，休耕后的管理养护对提升地力更为关键。本部分主要利用休耕户的土地利用行为进行调查，将休耕地的管理养护一并纳入农户耕地利用分析框架，并采用计量模型，分析农户对耕地"休耕"和休耕地"养护"的行为特征，并从村庄特征、农户特征、土地特征等方面，实证检验影响农户休耕地养护的决定性因素，定量估计各因素的影响方向和作用大小，为我国耕地休耕的后期管护提供参考。

3. 针对产前环节，基于养护角度（下同），分析农户耕地重金属污染治理行为

深化耕地重金属污染治理，是确保任何时候端稳端牢中国"饭碗"的关键。近年来，耕地重金属污染通过"土壤-作物"体系已威胁到粮食这一民生命脉，引致的农产品重金属含量超标等食品安全风险隐患正日益凸显，引起全社会广泛关注。本部分将主要利用农户微观调查数据，采用计量模型，实证检验农户非农就业和环境认知对耕地重金属污染治理意愿的影响方向及其程度。以期通过耕地重金属污染治理问题，更为全面地透视与考察农户环境认知对耕地重金属污染治理的影响，深化拓展相关研究，并为解决现实问题提供决策参考。

4. 针对产中环节，分析农户有机肥施用的行为机制及其影响因素

长期以来，我国化肥施用量远远超过经济学意义上的最优施用量，是危及农业可持续发展的极大隐患。有机肥施用可增加耕地的有机养分，是缓解耕地质量下降的主要途径之一。本部分主要利用农户微观调查数据，利用计量模型，全面考察种粮目的和经营规模差异下地权稳定对农户有机肥施用的作用机制，并利用计量模型，定量研究地权稳定对农户施用有机肥的影响及其依存条件。

5. 针对产后环节，分析农户农作物秸秆还田的行为机制及其影响因素

农作物秸秆还田可以改善土壤条件，培肥地力。然而，秸秆还田技术在我国推广了 20 多年，普及率一直较低。无论是秸秆禁烧行政命令还是秸秆还田支持政策，从效果上来看并不理想，也并不太受农民欢迎，取而代之农民更多的是露天焚烧或随意丢弃。那么，农民为什么要焚烧秸秆而浪费农业资源呢？从理性人角度来看，焚烧秸秆是农户在自身资源禀赋下的最优决策，是根据处置秸秆的成本和预期收益比较后的理性行为。因此，本部分主要利用农户微观调查数据，将农户资源禀赋、环境认知和秸秆还田意愿决策纳入一个分析框架，分析不同规模农户环境认知对秸秆还田意愿的影响。以期通过秸秆还田问题，更为全面地透视与考察不同农户环境认知对秸秆还田的影响及其差异，深化拓展相关研究，并为解决现实问题提供决策参考。

6. 针对全产业链环节，分析农户选择不同耕地休养措施的行为机制及其影响因素

不同耕地养护措施存在不一样的替代或互补关系，如种植绿肥、施用农家肥和深松耕地等具有劳动（相对）密集型性质的措施，农作物秸秆还田和有机肥施用等具有资本（相对）密集型性质的措施，近年来，农业规模化经营加快，农户不断分化，异质性突出。不同农户家庭禀赋、时间偏好和适应市场环境的情况不同，对不同耕地休养措施会表现出不同的决策行为和差异，其关系和内在机制需进行进一步深入研究。本部分主要利用微观调查数据，利用计量模型，考察农户在不同环节上的耕地休养措施的选择行为及其影响因素，并从不同规模农户角度予以稳健型检验。

7. 从农业社会化服务视角，分析农户耕地撂荒行为

新型工业化和城镇化的快速推进促使中国农村劳动力大量脱离农业，务农机会成本攀升和农业比较收益下降带来耕地撂荒现象突出，已引起学术界和实务界的广泛关注。农业社会化服务组织拥有资本、技术和管理等现代生产要素，可介入农户农业生产的整地、播种、插秧、施肥和施药等不同环节，具有化解农户因劳动力短缺、资本和技术不足等对耕地撂荒影响的潜在比较优势。因此，本部分首先从理论层面直接阐述农业社会化服务对农户耕地撂荒的作用机理，在考虑模型内生性和不同地区之间异质性的基础上，利用覆盖全国大范围的中国家庭大数据库数据，定量估计农业社会化服务对耕地撂荒的影响效果，并从不同方面分析估计结果的稳健性，最后对其作用机制进行检验，研究成果将具有重要的现实意义。

第三节 研究路线图

根据本书的研究目标和研究内容，本书技术路线如图1-1所示。

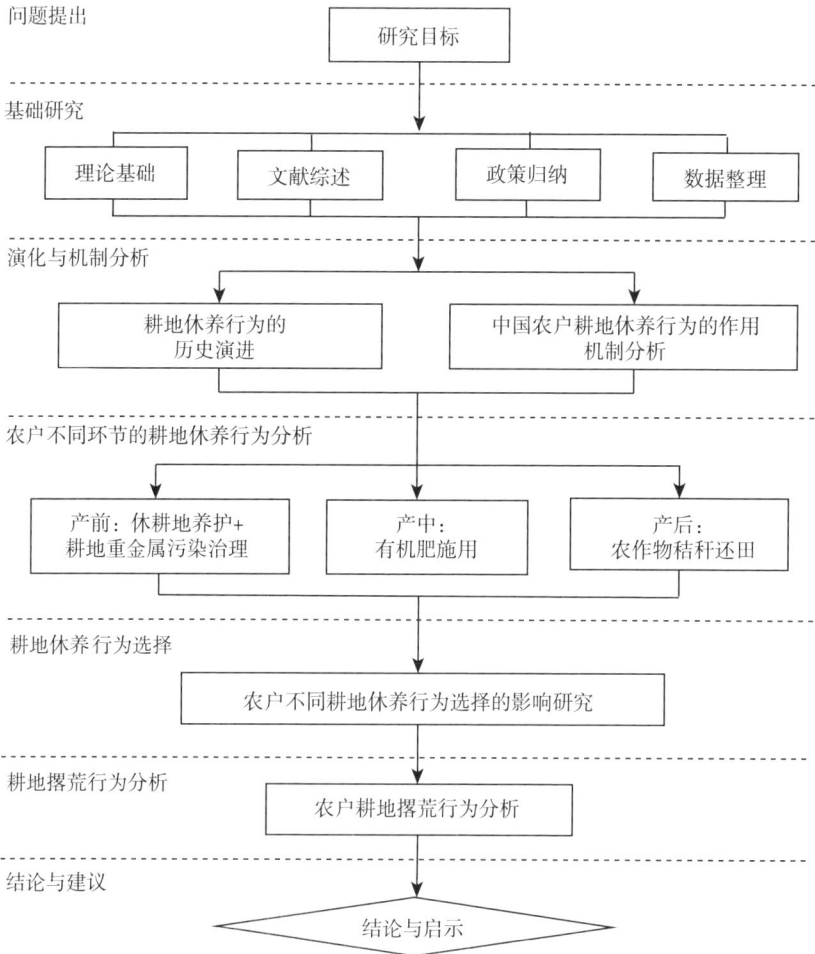

图1-1 技术路线图

第二章 理论基础与文献综述

第一节 核心概念界定

耕地休养①是指耕地不仅要耕地"休耕",还要注重耕地"养护"。耕地休养不仅要对农户的土地利用进行限制,还要求对耕地要有一定投入。"休耕"是指在可种作物的季节停止种植活动,以恢复地力;休耕并不是抛荒或弃荒,休耕期间需做好休耕地的管理养护,促进土壤潜在养分转化,避免土地抛荒引起新的生态破坏。"养护"是指通过轮作、种植绿肥、施用有机肥、测土配方施肥、秸秆还田、施用石灰等行为,以提升地力。

本书中的耕地休养是从人文社会科学的角度进行界定,关于耕地休养也可从自然科学角度予以展开。由于知识能力有限,本专著并不打算从自然科学角度展开界定。

第二节 理论基础

一、农户行为理论

农户行为是指农户在生产生活当中所做的各种行为决策,主要包括农户的生产行为、消费行为以及劳动力配置行为等。绝大多数农户行为理论的基础是理性人假设,即农户在既定的条件下会争取自己的最大利益。这一假设

---

① 耕地"休耕"目前以政府主导为主且有政府补助,重点在地下水漏斗区、重金属污染区和生态严重退化地区,处于政策试点阶段,农民的自觉行为较少,而耕地"养护"主要靠农民自觉,补贴相对较少。

是从以亚当·斯密（A. Smith）为首的经济学家的观点中演变而来的。斯密在 1776 年发表的《国富论》中提出，人们之所以在市场上提供各种商品和服务，并不是因为仁慈之心，而是因为利益的存在。

相关学者基于理性人假设，发展出了大量农户行为理论。①利润最大化理论。美国经济学家舒尔茨（1964）在其论著《改造传统农业》中指出，可以将传统农业的农户看作农业企业，其行为均是追求利润最大化。其理论假说为，在农产品或要素市场价格发生变化时，农户会有针对性地改变自己的生产行为，以达到利润最大化。②风险规避理论。该理论认为，在存在不确定性的情况下，农户对风险的反应为风险规避，农户在追求利润最大化的同时需要考虑保障的问题。其理论假说为，为了规避因不确定性造成的损失，农户的农业投入可能会比利润最大化模型少。但是，严格地说，风险规避理论仅仅是利润最大化理论的一个修正。③劳苦规避理论。这一理论的假设前提是劳动力市场不存在，因此从事农业生产的劳动力均来自农户自身。在这一前提下，农户的生产决策既要考虑农业生产，也要考虑农户成员的闲暇，更多的闲暇意味着规避辛苦的农业劳动，因此农户成员需要在农业生产和闲暇中做出权衡。④劳动消费均衡理论。苏联经济学家恰亚诺夫（1996）在其论著《农民经济组织》中指出，农户生产行为是为了满足家庭消费而不是追求市场利润最大化，农户会理性权衡家庭消费和劳动与闲暇。⑤农业家庭理论。该理论不仅考虑了农户的农业收入，也把非农收入纳入考察范围当中，并认为要素市场（包括劳动力市场和资本市场等）是完善的，这时农户可以实现诸如闲暇、满足家庭消费等目标，而不影响利润最大化条件下的农业最优资源配置。

二、预期效用理论

经济学中将预期定义为数学期望值，而现代认知心理学中预期则是建立在不同个体可利用信息的基础上。它们的形成都是由过去的经验决定的：前者的计算依赖于历史数据，后者个体倾向于把预期建立在可观察的行为上。显然，"期望"是指某种行为的客观趋势，"预期"则表示对未来不确定事件的主观信念（Feather，1982）。人们凭借过去的经验、现在的信念、社会因果关系和价值来预见未来。价值观为想象的未来是好还是坏提供了评价标准，并且为评价将要出现的其他情况提供了基础（Kamiol & Ross，1996）。Karniol 和 Ross 并没有使用"预期"这个词，但他们将期望作为与目标相关的现象之一。

新古典决策理论基于经纪人假设，将经纪人获得最大的经济利益作为决策目的，并采取主观预期作为决策准则。不确定性或风险决策行为是决策者对不确定性事件的个人感觉强度和对其潜在后果的个人估价（Anderson et al.，1977）。若某一个人对不确定事件及其后果有其自己的主观判断，他的选择是追求效用最大化，假定为 $E(U)$。为了与标准效用理论保持一致，预期效用理论也假定个人在不同的可能性面前，具有完整的逻辑一贯的偏好顺序①。预期效用理论的核心概念是确定性等价（Certainty Equivalence，CE），只有通过 CE，不同的风险程度才有比较的准则。为便于直观地了解，这里假定一种简单的效用函数 $U = f(I)$，其中 I 表示收入。预期效用为：$E(U) = pI_1 + (1-p)I_2$，其中 I_1 和 I_2 分别表示两个不同的风险收入水平，它们发生的概率为 p 和 $1-p$。

1944 年，诺依曼和摩根斯坦提出了预期效用最大化理论，该理论基于预期效用最大化模型，即 VNM 预期效用模型，并假定了所有决策变量都为随机变量，从而将不确定性和风险偏好纳入到一个整体理论框架中，用以分析个体风险反应与风险条件下的决策行为。预期效用理论假设决策者风险偏好具有完备性、连续性和传递性的特点，并将决策者的风险态度分为三类：风险规避、风险爱好和风险中立。当决策者认为确定性收入大于预期的收入时，可判定其为风险规避者，效用形式为：$U(pI_1 + (1-p)I_2) > pU(I_1) + (1-p)U(I_2)$，具有凹性函数的特征。在图 2-1 中，表示的是曲线 DAE。因为 $U(pI_1 + (1-p)I_2)$ 对应的收入水平在点 B，而 $pU(I_1) + (1-p)U(I_2)$ 对应的收入水平在点 A。同等效用水平下二者之间的差额，一般称为风险贴

---

① Sen（1982）指出完整性的逻辑属性在显示偏好理论中是很重要的。"偏好 A 而非 B 与偏好 B 而非 A 是矛盾的，但如果确定选择和偏好毫无关系，那么在一种情况下选择 A 而非 B 与在另一种情况下选择 B 而非 A 就根本不一定是矛盾。它们看上去矛盾完全是因为窥视了消费者的内心活动，而在显示偏好分析方法的目标中这是可以避免的。"但是，如果这两者的偏好关系是不连贯的（或不完整的），那情况就不同了。也就是说，如果选择者既不能说 A 比 B 好，也不能说 B 比 A 好，也不能说他对两种选择无所谓，那就存在着不完整性。他指出 Sen 的布里丹之驴饿死不是因为无差异，而是因为不完整性——缺乏另一个真正希望的选择（布罗姆利，1996）。

水或风险溢价，表示风险厌恶者为规避风险而愿意付出的代价。当决策者认为确定性收入小于预期的收入时，即该决策者对预期结果的满足程度更高，则可判定其为风险偏好者，效用形式为：$U(pI_1 + (1-p)I_2) < pU(I_1) + (1-p)U(I_2)$，具有凸性函数的特征。在图 2-1 中，表示的是曲线

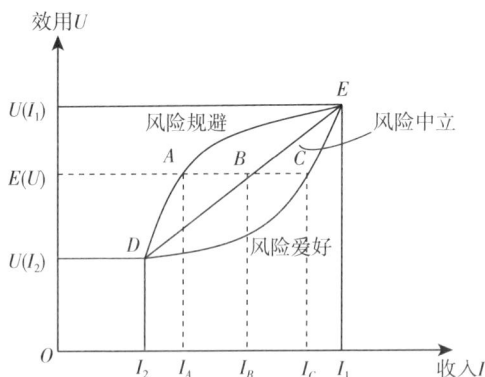

图 2-1　不同风险条件下的决策

DCE。在此情形下，$pU(I_1) + (1-p)U(I_2)$ 对应的收入水平在点 C。而对于风险中性者而言，其获得的确定性收入与不同风险下的预期收入没有差异，那么，他只根据预期收入水平作出决策。

现实中各类决策者的风险态度有三种，VNM 预期效用理论是基于效用最大化的假设，风险规避与收入的边际效用递减在效用概念上是相同的。风险规避意味着，某一数量的额外收入所增加的效用并不比失去同样数量的收入所减少的效用大。作为经济活动中的理性人，人们对收入的满足程度随着收入上升而递减，因此，根据理性经济人特性，都应该是风险规避者（斯凯博，1998）。亚当·斯密（1997）指出，当我们从较好情况跌到一个较坏情况时，比我们从较坏升到较好的情况所承受的痛苦更多（图 2-2）。显然，人们都不愿意冒风险，在其他条件相同的情况下，相对于不确定的消费水平来说，更喜欢做有把握的事情。换句话说，同样的平均值下人们愿意要不确定性小的结果（萨缪尔森，1999）。那么作为理性经济人的小农，在追求效用最大化情形下也属于风险规避者。其表达式可写成：$E[U(I)] = \int U(I) f(I) \mathrm{d}i$。$f(I)$ 表示随机变量的概率密度函数。预期效用理论认为，只要个人能将各种可能结果估算为一系列一致的效用，则以预期效用最大化为标准就能形成与个体真正偏好相符合的决策。由于传统

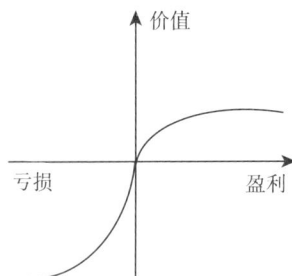

图 2-2　价值函数图

农业常常风险很高，使得决策者在作选择时，多半考虑风险因素。因此，本书基于预期效用理论探讨人们在风险和不确定性条件下作出的合约选择行为。

三、诱致技术选择理论

农户技术选择行为符合舒尔茨、波普金等经济学家的"经济理性人"假设，其行为是在权衡了技术选择的成本与收益后而做出的理性决策。Hicks最早提出了诱导技术选择的概念，诱导技术选择理论认为，一个国家、地区或者农户的农业生产增长总是会受到其农业生产资源禀赋条件的限制，但是农业技术进步可以使得其突破土地、劳动等初始资源的约束。根据该概念，基于两种假说，诱导性技术变迁理论形成了两个分支。

其一市场需求诱导假说。在市场经济中，新技术的相对有利性或者可获得性，是农户新技术采用需求的函数（Griliches，1957；Schmookler，1966）。Schultz（1964）认为，农户是技术的采用和使用主体，新的先进技术被农民使用是技术进步的前提条件。作为技术需求者的农民，对新技术的采用程度主要取决于新技术本身所具有的"相对有利性"。先进农业生产技术的扩散是促使传统农业向现代农业转变的必备条件。其二要素稀缺诱导假说。该假说认为：一种要素相对价格的提高，会诱导能节约该要素的技术类型的创新。如果没有市场扭曲，要素相对价格将反映要素相对稀缺性的水平与变化，农民会被诱导去寻找能节约日益稀缺的要素（Ahmad，1966；Hayami & Rutan，1970；Binswanger，1974）。速水佑次郎和弗农·拉坦（Yujiro Hayami and Vernon W. Ruttan，1970）进一步发展了舒尔茨的理论，建立了诱致性技术创新与诱致性制度创新相结合的诱致性技术创新理论。农业生产要素的相对稀缺程度及其供给弹性的不同，在要素市场上主要表现为它们相对价格高低的差别会诱导出节约相对稀缺而价格相对高昂的资源技术变迁，以缓解供给缺乏弹性的稀缺资源给农业发展带来的限制。劳动供给缺乏弹性或劳动相对于土地价格昂贵，会诱导出节约劳动的机械技术进步，土地供给缺乏弹性或土地相对于劳动价格高昂，则会诱导出节约土地的生物化学技术进步。正如，在劳动力稀缺的美国等国家和地区，农业技术进步路径主要是以节约劳动资源而充分利用土地资源的机械化技术进步；而在日本等土地稀缺的国家，农业技术进步则表现为生物化学技术以节约土地、充分利用劳动的技术类型。

以上两种假说虽说基于不同角度，但是其实这两者之间是互补的，且内在是统一的（林毅夫，1994）。可见，市场经济中的农民在收入最大化动机的诱使下，会寻求能节约相对稀缺的生产要素，而使用相对价格较低的生产要素的技术选择，它集中反映了农户技术选择是资源禀赋、文化禀赋、技术与制度各种因素的一般均衡关系（Lin，1991）。

农户对农业生产技术采用行为符合经济人行为选择行为理论，其技术决策行为过程函数通常是一个所需投入与预期效用的综合期望函数（汪三贵和刘晓展，1996），其生产安排趋向于边际成本等于边际收益，从而在利润最大化前提下选择先进适用的农业技术。棉花种植在现代社会属于商品性属性很高的农作物，棉农几乎完全是"理性农户"，是以实现预期效用和利润最大化为目标来决定技术的采用。借鉴 Atanu Saha 等人（1994）的研究思路，棉农技术选择行为的理论模型形式如下：

$$\max H = E[U(W)] = E\{U[p(g(z)e + f(m) - c_0(z+m) - c_1 z)]\}$$

$$(2-1)$$

且 $\qquad m+z=x, Q=f(m)+g(z)e$

式中，$U(\cdot)$ 表示技术选择的总效用函数；$f(\cdot)$ 为使用传统技术的生产函数；由于新技术产出效益不确定，产出具有随机性，采用新技术后的生产函数为 $g(\cdot)e$，e 为随机变量。m 和 z 分表代表使用旧的和新的生产技术的农产品产量，x 为农户的农产品总产量，p 为农产品价格和平均生产成本，c_0 和 c_1 分别为农户采纳旧技术和新生产技术下的农产品平均生产成本和额外平均生产成本。

根据效用最大化的条件，可以得到只有当 $pg_z(z=0)\bar{e} > (c_0 + c_1)$，其中 $pg_z(z=0)\bar{e} \equiv E[g_z(0)\bar{e}]$ 时，以追求效用最大化目标的农户才会选择新技术。由此，农户是否采纳一种新技术实际上是一个新旧技术采用成本收益比较的过程。在其他条件不变的情况下，新技术采用的边际收益大于边际成本，农户则会采纳新技术（Saha，1994）。但是，其前提条件是其他随机因素条件不变 $e(\cdot)$，如果 $e(\cdot)$ 发生改变，即使新技术采用的边际收益大于边际成本，农户也不一定采用新技术（孔祥智等，2004）。

根据以上 Saha 等（1994）和孔祥智等（2004）的观点，在农产品产出同为 m 的要求下，农户技术选择行为的理论模型如下：

$$p_1 g(m)e-(c_0+c_1)m \geqslant p_0 f(m)-c_0 m \qquad (2-2)$$

进一步可推之，农户新技术采用行为的理论模型为：

$$y^{\Delta *}=p_1 g(m)e-p_0 f(m)-c_1 m \geqslant 0 \qquad (2-3)$$

式中，$f(\cdot)$ 为使用传统技术的生产函数；由于新技术产出效益不确定，产出具有随机性，采用新技术后的生产函数为 $g(\cdot)e$，e 为随机变量。m 代表农产品产量，p_0 和 c_0 为传统生产技术下的农产品价格和平均生产成本，p_1 和 c_1 分别为农户采纳新生产技术下的农产品销售价格和额外平均生产成本。

根据式（2-3），本书可以将农户技术选择行为的理论模式表示为：

$$y^{\Delta *}=f(R(X_i),e(Z_j)) \qquad (2-4)$$

从式（2-4）可以得知，影响农户技术采用的因素主要包括技术本身特征因素和随机变量因素两大部分。首先，技术本身特征变量主要是指新技术采用的营利性，即新技术采用与旧技术相比较，在农业生产方面所产生的额外收益或者成本节约方面的优越性，综合起来就是利润的增加。此外，还有技术的易用性和适宜性，主要是指新技术获取的难易程度，主要包括新技术的学习成本和交易成本。学习成本主要是农户学习并掌握新技术技能的难易程度；交易成本是指农户购买或者获取新技术的难易程度。这是新技术得以采用的根本动因。其次，影响农户技术采用的随机因素主要是指农户自身所拥有的采用新技术的资源禀赋条件，主要包括农户所拥有的个人内部和外部社会经济特征因素，这些因素决定了新技术采用成功的概率（吴敬学等，2008）。

第三节　文献综述

一、耕地休养研究

耕地休养我国自古有之，最早出现在西周时期，耕地休养也是很多国家和地区提高地力和农田生态环境保护的重要手段，如美国的农地休耕项目（CRP）、德国的"生态账户"、日本事先明确"补贴标准"的二元选择、欧盟共同农业政策（CAP）的"多元"补贴模式以及澳大利亚的"土地健康运动"等。

在国内，耕地休养作为一种耕地保护措施，还没有引起学术界的系统关注，从农户和地块层面的研究更少。牛纪华（2009）指出，政府应该建立耕地休养制度，实行财政补贴，鼓励农户参与并加强监管，确保耕地休养补贴到村到户。张慧芳等（2013）基于粮食安全角度，论述了耕地严重抛荒和耕地质量退化的现状，以成本收益方法提出我国土地休耕的具体实施方案并提出了三种模式：季节性耕地休养模式、基于土地流转的耕地休养模式、宏观计划式的耕地休养模式。李争等（2015）对鄱阳湖粮食产区农户的耕地休耕意愿进行了研究，发现非农收入比例、耕地质量的主观判断对农户休耕意愿分别具有正向和负向影响。俞亮亮等（2016）探讨了农户对耕地保护补偿政策的满意度情况，结果表明，耕地保护补偿账务公开、补偿资金监督管理、补偿资金使用要求、补偿标准和补偿资金分配是影响农户对耕地补偿政策满意度的重要因素。饶静（2016）认为对休耕后耕地的管理比休耕本身更加重要，应避免耕地抛荒引起新的生态破坏。俞振宁等（2017）发现农户耕地休养意愿同时受到户主特征及家庭概况、耕地休养规制、休养环境与市场等影响，非农收入越高、对现行耕地休养政策越满意，农户耕地休养的概率越高。绝大多数农户都不认可强制式的耕地休养规制。相比于未撂荒农户，撂荒农户存在较高的耕地只"休"不"养"问题。王学等（2016）认为耕地休耕的机会成本应等于种植冬小麦的净收益。若仅考虑冬小麦对地下水资源的影响，在耕地休耕政策初期，以地下水位回升和地下水环境恢复为目标时，建议补偿标准为350元/亩左右；后期以维持地下水资源采补平衡为主要目标时，建议补偿标准为280元/亩左右。沈孝强等（2016）认为农户自主选择是否参与耕地休养项目一定程度上能弥补传统强制实施模式下的农户抵触和成本过高等问题，但自主选择会存在道德风险问题，即参与耕地休养的农户可能会对耕地"休而不养""应养未养"甚至"不休不养"。Xie等（2018）利用河北地下水漏斗区的农户微观数据，分析了农户对冬小麦休耕政策的满意度、支持度和理解度，但该文并没有考虑农户不断分化的现实，以及农地流转带来农地经营权稳定性差异的影响。

在国外，耕地休养早已成为学术界关注和研究的热点问题（Marlow et

al.，1991；Steiner et al.，2006）。Reimer 等（2013）认为农户特征、农场规模、农产品销量和对联邦政府环境支出的看法是影响农户参与农业环境政策的主要因素。Sitterley（1994）发现土壤侵蚀、过度放牧和生产力下降是影响俄亥俄州农场土地休耕的关键因素。关于耕地休养的生态补偿研究，Lohr 等（1995）使用来自伊利诺斯州和密歇根州一个县的调查数据，在假设受访者均愿意参与休耕的条件下，补贴金额每增加 1 美元，土地所有者参与休耕的概率增加大约 4％。Cooper 等（1998）建立参与土地休耕保护储备计划补贴和农户响应的变动计划表，发现当补贴从每英亩* 30 美元增加到每英亩 90 美元时，参与土地休耕保护储备计划率预计会从 30％增加到 85％。Pagiola（2002）认为补偿政策作为一项激励措施，可为贫困的土地所有者提供额外的收入来源，改善农户生计。Michael 等（2007）通过对持续性的长期休耕计划观察发现，休耕补贴金额会影响农户参与休耕计划的年限。Heimlich（2008）认为耕地休养的补偿金额应当与实施耕地休养的机会成本相等，否则会影响农场主的参与积极性。Dorfman 等（2009）指出农场主参与耕地休耕后，休耕区域生态环境显著改善，并提出农场主参与耕地休耕的正外部性应该得到经济补偿。关于耕地休养的实施效果研究，Marc 等（1994）认为耕地休耕作为主要的污染控制措施成本虽大，但如果目标适当，可以产生足够甚至超过社会成本的生态环境效益。Lain 等（2003）从成本收益角度分析，认为耕地休耕通过减少作物产量和间接减少动物副产品影响市场价格波动，是调节市场经济的有效手段。Luo 等（2006）运用案例分析法发现，耕地休养计划有利于减少环境污染和显著改善水质，忽视耕地休养会造成农业环境和农业生产成本持续增长。Ruben 等（2008）指出如果耕地休耕政策旨在改善环境，并以支付租金和农户自愿的方式进行，休耕结束后的耕地能带来巨大的环境效益。

二、农户耕地重金属污染治理研究：产前环节

耕地重金属污染具有潜在性、隐蔽性和长期性。中国耕地重金属污染严重，亟须治理。重金属在自然环境中易富集，不易随水淋滤，不能被微生物

---

* 1 英亩＝4 046.86 平方米。

降解，在土壤中累积后会通过食物链途径，在植物、动物和人体内富集，对生态环境、食品安全和人体健康构成严重威胁，直接影响社会经济的可持续发展。2014年4月17日由国家环境保护部与国土资源部联合发布的《全国土壤污染状况调查公报》显示，在实际调查的630万平方公里土地中，全国土壤总的点位超标率为16.1%，其中轻微、轻度、中度和重度污染点位比例分别为11.2%、2.3%、1.5%和1.1%。南方土壤重金属污染重于北方。全国耕地污染点位超标率高达19.4%。截至2014年，在调查的9 240万公顷耕地中，重金属轻度污染面积为526.6万公顷，中度和重度污染面积为232.5万公顷，共占调查耕地面积的8.22%[①]。

治理耕地重金属污染，降低其危害，成为亟须解决的现实问题，也是实现耕地资源永续利用的关键。在很多国家和地区，休耕是让受污染耕地休养的重要手段。2016年6月，农业部、中央农办等10部委联合印发《探索实行耕地轮作休耕制度试点方案》，提出重点在湖南重金属污染区开展治理式休耕，规定在休耕期间，严禁种植食用农产品，优先种植生物量高、吸收积累作用量大的作物；对于可以确定污染责任主体的，由污染者履行修复治理义务，政府提供修复资金和休耕补助。Papatheodorou等（2013）认为对土地进行周期性休耕，并结合针对性的治理措施，可以改善土壤pH和吸附性等性状，减轻耕地污染状况，提升土地永续生产的能力。党的二十大报告进一步指出要"加强土壤污染源头防控"。

农户是耕地利用的微观主体，耕地重金属污染有效治理的关键在于农户，农户的主动积极参与能有效降低道德风险和提高治理效率。农户是否愿意参与耕地重金属污染治理取决于投入成本、耕地未来收益和对耕地重金属污染的认知等。一方面，非农工资不断上涨，农户外出就业机会逐渐增多，特别是在广大丘陵山区，家庭青壮年劳动力外出非农就业大量存在，导致农业老龄化和兼业化现象严重，进一步导致农业有效劳动供给减少，对耕地重金属污染治理的劳动力投入不断减少。另一方面，非农就业能够拓宽农户的信息获取渠道，促进农村劳动力的人力资本积累，提高农户对耕地重金属污染的环境认知。长期以来，农户更加关注耕地的经济价值，忽视了生态价值

---

① 数据来源于《中国耕地地球化学调查报告（2015年）》。

和社会价值。我国耕地保护社会氛围缺乏也导致农户耕地保护认知普遍不高。耕地重金属污染的隐蔽性和潜在性特征，更是导致农户难以形成污染治理的积极性和主动性。然而，一个不容忽视的现象是，人们对优质农产品和优美生态环境的需求不断增多，农业支持政策也从增产导向转向提质导向，农户环境认知能力正不断提高。

国内学者更多的关注农户耕地质量保护和环境友好型农业技术采用，对耕地重金属污染治理的研究主要集中在重金属污染治理技术路径、特定技术对耕地修复效果和作物生产质量的影响、重金属污染评估等领域，从农户视角探讨耕地重金属污染治理的研究较少，更缺乏相关的实证分析。Kamran 等（2015）运用健康风险指数评价了使用处理过的城市污水和采用地下滴灌对土壤和谷物中重金属积累和健康的影响。王玉军等（2015）认为土壤负载容量管控法是土壤重金属污染防治的有效措施。樊霆等（2013）综述了国内外有关农田重金属污染土地修复技术（物理修复、化学修复、生物修复、农业生态和联合修复等）的研究进展，认为联合修复在一定程度上可以克服使用单一修复手段存在的缺点，能够提高修复效果和降低修复成本。安婧等（2016）利用内梅罗污染指数法、EPA 人体暴露风险评价法及潜在生态危害指数法对重金属污染土壤及农产品的潜在健康风险进行了评价。

近年来，国内部分学者也开始从农户角度对耕地重金属污染治理展开分析。余振宁等（2018）对湖南省茶陵县 247 户农户选择实验数据，比较了重金属污染耕地治理式休耕试点村和非试点村农户对补偿方案的偏好，并运用 mlogit 模型分析了影响农户选择不同补偿方案的影响因素，发现收入补贴较高、治理投入较低、休耕年限较长的补偿方案更容易被农户选中，并提出重视对农户进行休耕宣传和培训，可以提高农户对耕地重金属污染治理的投入和生态价值的认知，有利于提高农户的休耕参与度。李颖明等（2017）利用湖南省湘潭试点区的调查数据，比较分析了重金属污染耕地治理技术（耕地修复技术、种植结构调整、低镉水稻种植）的农户采用特征及影响因素，发现农户采用重金属污染耕地修复技术的主要推动力量来自政府，户主特征和家庭特征对农户低镉水稻种植的采用没有显著影响，并提出当前可以通过政策鼓励等方式来提高农户对耕地重金属污染的认知，进而引导农户积极采用污染治理技术，遗憾的是，已有相关研究并没有将农户环境认知直接纳入经济模型并予以定量分析。

三、农户有机肥施用行为研究：产中环节

建立环境友好型的农业生产体系，引导农户采取环境友好型生产技术是推进农业由增产转向提质和实现农业高质量发展的重要途径。以有机肥施用为例，截至 2016 年，全国有机肥企业数量接近 3 000 家，实际产量约为 1 500 万吨，仅占设计产能的 47.4％[①]。我国有机肥使用率仅 20％左右，绝大多数发达国家都达到 50％以上[②]。张弛等（2017）通过对黑龙江、河南、四川和浙江四省农户的调研，发现平均仅有 31.95％的农户施用有机肥。长期以来，我国化肥施用量远远超过经济学意义上的最优施用量，是危及农业可持续发展的极大隐患（仇焕广等，2014；朱淀等，2014）。近年来，有关推进有机肥施用的利好政策不断出台，如 2018 年中央 1 号文件提出"推进有机肥替代化肥"，《国家质量兴农战略规划（2018—2022 年)》提出在重点县（市、区）开展有机肥替代化肥试点等。农户有机肥施用已成为推进农业绿色转型（Conway et al.，2013）和中国肥料供给侧改革的重要举措。

随着城乡居民收入水平的提高，人们的消费结构逐渐由吃饱、吃好到吃出健康，人们对优质农产品的需求也不断增加。有机肥施用能提高农产品品质、改善农产品的口感和风味（沈中泉等，1995；王允圃等，2011），能迎合消费者和市场的需求。按照消费决定生产、需求决定供给的市场经济规律，农户有可能会减少化肥并增加有机肥施用。然而，现实情况并非如此，取而代之的是农户大量投入化肥，有机肥施用很少且有机肥施用补贴的效果非常小（Liu et al.，2014）。近年来，中国农村劳动力不断非农转移、农地流转市场快速发展和农地"三权分置"不断推进，农户分化不断加深。不同规模农户家庭禀赋、时间偏好和适用市场环境的情况均不同，对有机肥施用会表现出不同的决策行为和差异。

稳定而明晰的产权被认为是经济发展的基石，它能稳定经济行为人的预

---

① 数据来源于中国农业新闻网（http：//www.farmer.com.cn/jjpd/nz/fl/201801/t20180122_1352015.htm）。

② 数据来源于中国化肥网（http：//www.fert.cn/news/2016/6/20/201662015195646766.shtml）。

期并激励长期投资（Furubotn et al.，1972）。在农业生产领域，地权稳定有利于改善农户的行为以及对未来产出的预期。地权不稳定可能会阻碍农户经营，并有可能降低农户长期投资的积极性（Besley，1995）。"第二轮土地承包到期后再延长三十年"的政策使得土地承包权的稳定性有了保障，农民的地权认识不断增强，对土地投资的长期预期和土地增值收益越来越强。在实证研究中，Alchian 等（1972）最早提出地权稳定会对投资产生影响。Li 等（1998）利用河北省的农户微观数据，发现农户土地承包期越长，越能够激励其使用农家肥。Brandt 等（2002）认为土地调整频率与有机肥投入量密切相关，农户有机肥投入量随农地调整次数增多而降低。黄季焜等（2012）发现农地确权提高了地权稳定性，会激发农户的土地长期投资意愿，有机肥施用概率也会提高。多数学者认为地权不稳定会削弱农户的投资积极性和降低要素配置效率，进而减少对土地的长期投入，不利于土地质量的提升（Besley，1995；Jacoby et al.，2002；俞海等，2003；洪炜杰等，2018）。姚洋（1998）认为地权不稳定会导致农户对土地缺乏安全感，对有机肥施用的积极性随之下降。然而，许庆等（2005）则认为地权稳定可能只影响农家肥等少数几种与特定地块相连的投资，而且实际影响可能并不显著。钟甫宁等（2016）认为当农户的土地经营面积小和地块分散时，地权稳定对其投资的影响会很小。

此外，中国农村土地细碎化较为严重，农户土地经营规模扩大主要依赖于农地流转，即土地经营权在不同农户之间的流转（Deininger et al.，2014）。农户自有土地和转入土地的不同权利属性代表着地权稳定性的差异，不同转入地因转入年限的不同亦存在地权稳定性的差异。郤亮亮等（2011）对比了农户在转入地和自家地上的投资差异，发现农户在转入地上的有机肥施用概率和施用量要比自家地上的少，但随着转入地的地权稳定性提高，这种投资差异在缩小，地权稳定对有机肥施用具有促进作用。高瑛等（2017）表明土地经营规模对农户施用有机肥的影响并不显著，但是对农户采纳测土配方施肥技术具有正向影响。Wang 等（2018）基于前景理论对陕西苹果种植户的研究发现，土地经营规模是影响农户有机肥替代化肥施用的关键因素，土地经营规模越大，农户有机肥的施用量会越多。也有学者认为，扩大土地经营规模并不利于农户施用有机肥（Ajewole，2010；韩枫，

2016）。农户风险偏好、家庭劳动力和资金补贴也是影响农户是否施用有机肥的重要因素（Sri et al.，1987；Babcok，1992；Maggio，2008；Aimin，2010；杨泳冰等，2012；Bowman et al.，2013；Stuart et al.，2014；Wang et al.，2018）。

四、农户农作物秸秆还田行为研究：产后环节

农业资源是农业生产的物质基础。农作物秸秆作为农业生产过程中的副产物，具有巨大的潜在利用价值。我国农作物秸秆资源丰富，全国主要农作物秸秆可收集资源量 8.24 亿吨，综合利用率平均却不到 40%[①]。当前，我国农业发展和生态环境的矛盾十分突出，协调农业与环境的可持续发展已成为农业经济高质量发展面临的重大挑战，也是学术界关注的前沿问题（Fedoroff et al.，2010；黄季焜等，2012；黄季焜，2018）。农作物秸秆资源化利用事关农业绿色发展和农村生态环境。在农业环境约束趋紧的背景下，如何实现农作物秸秆资源利用，走环境友好型的农业发展道路，成为亟须解决的现实问题。

秸秆还田被视为秸秆资源化利用的一次重大变革（Lu et al.，2009；宋燕平等，2012），可以改善土壤条件和培肥地力。然而，秸秆还田技术在我国推广了 20 多年，普及率却一直较低（吕开宇等，2013）。无论是秸秆禁烧行政命令，还是秸秆还田支持政策，从效果上来看并不理想，也并不太受农民欢迎。农民选择露天焚烧或随意丢弃的居多（Yao，2012；仇焕广等，2015），并且存在禁烧时段内有焚烧、禁烧后大量集中焚烧等现象，导致大气污染、耕地破坏及持续供肥能力下降等系列生态环境问题，也带来飞机场或高速公路因烟雾弥漫、能见度低而不能正常运行的社会问题。为此，政府相继出台了《关于推进农业废弃物资源化利用试点的方案》等多项政策，各地为杜绝秸秆露天焚烧，纷纷实施了最严格的秸秆禁烧政策，也投入了大量的人力物力。遗憾的是，这种从环境治理角度出发的惩罚或补贴等措施并未起到预期效果。农民作为重要参与主体和利益相关者，似乎对秸秆还田态度冷淡，参与积极性不高。在我国粮食主产区，农户焚烧秸秆的意愿仍然强

[①] 数据来源于农业农村部网址：http://www.moa.gov.cn/。

烈，秸秆焚烧屡禁不止（朱启荣，2008；马骥，2009；周应恒等，2016）。农作物秸秆的利用和治理问题已然成为社会各界共同关注的焦点。

农民为什么要焚烧秸秆而浪费农业资源呢？从理性经济人角度来看，焚烧秸秆是农户在自身资源禀赋下做出的最优决策，是根据处理秸秆的成本和预期收益比较后的理性行为（张琳，2007）。从经验研究来看，预期收益、补贴政策、农户特征、风险偏好和外部环境是影响农户秸秆还田的重要因素（芮雯奕等，2009；钱忠好等，2010）。梅付春等（2008）认为焚烧秸秆是由于劳动力机会成本高所导致的其他处置方法成本过高情况下的选择，运输距离远带来的高成本也是秸秆焚烧的重要原因。周应恒等（2016）认为秸秆处理成本高昂而收益不确定，且成本分担机制不合理是秸秆焚烧的本质原因，土地经营规模细小且缺乏经营农业的激励是农民不重视秸秆的重要原因。刘乐等（2017）指出无论是家庭层面还是地块层面，土地经营规模与农户实施环境友好型生产行为之间均存在稳健的倒 U 形关系，适度扩大土地经营规模有利于农户秸秆还田。Saha 和 Schwart（1994）、Khanna（2001）认为不同土地经营规模的农户在生产投入和采用行为上存在差异，尤其是跨期农业技术采用在不同土地经营规模农户上具有明显差异。徐志刚等（2018）将地权期限纳入农户秸秆还田技术采用框架，认为地权期限较短会抑制规模户的秸秆还田行为，地权期限越长对规模户秸秆还田的意义更大。激励传统农户采用秸秆还田技术可能更需要借助经济补贴或惩罚等政策手段。然而，颜廷武等（2017）却持相反观点，认为经济补贴与处罚措施对农民秸秆还田意愿具有负向影响，现有的奖惩机制有待进一步完善。吴海涛等（2013）认为地形地貌是影响农户秸秆还田的重要因素。

农作物秸秆焚烧等带来的污染加剧，正改变着人们对环境污染问题的认知。Ajzen（1991）认为行为态度、主观规范和知觉行为影响着人们的行为动机，行为态度和主观规范对行为动机有重要影响。李振宇等（2002）认为农民的环境意识和法制观念不高是造成秸秆焚烧的原因。Prokopy 等（2008）和 Baumgart-Getz 等（2012）认为心理认知是决定农户采纳最佳措施的关键因素。Sattler 等（2010）也得出同样的结论，即农户对环境的认知和态度是影响保护性耕作技术采用的关键影响因素。吴比等（2016）发现农户自身知识水平和判断能力的局限会受到周围其他农户的影响，从而影响秸秆还田的决策。

五、农户耕地质量保护行为研究：全产业链环节

1. 农地流转与农户耕地质量保护行为研究

随着中国农业发展的市场环境变化，特别是农地流转市场的发展，学术界对农地流转和农户农业投资之间的关系展开了一系列讨论。余海等（2003）发现，与没有土地流转的样本相比，在控制其他因素条件下，有土地流转样本的土壤有机质含量平均下降1.94克/公顷，表明农地流转可能不利于激励农户增加对流转地的投资，最终导致土壤肥力损耗。姚洋（2004）发现土地租金的提高对不同类型农户（土地租入者、土地租出者、土地自给自足者）的生产投入影响不同。蔡昉等（2008）提出，"如果土地不需要依靠长期投资来保持肥力，它们在农户间的流转可能不会有效率损失"，这暗示了农地流转可能会对土壤肥力产生影响。杨钢桥等（2010）在农地流转条件下将农户细分为利润型农户和温饱型农户，利用江汉平原和太湖平原的农户微观数据，发现农地流转对不同类型农户的农业生产要素投入行为的影响具有差异，农地流转规范性对农户农地投入行为有较大影响。Gao等（2010）发现农户更愿意在自家地上施用有机肥，若转入地的经营权稳定性差会导致农户在转入地上有较少的投资。进一步，郜亮亮等（2011）和黄季焜（2012）将流转地来源区分为亲属转入和非亲属转入两种方式，发现农户在从非亲属转入的土地上的有机肥施用概率和施用量显著低于从亲属转入的土地。罗必良等（2013）认为将耕地质量保护与农民土地权益保护相结合是农地流转政策调整必须关注的问题。Willamson（1985）、钟文晶等（2014）认为不完全契约会导致农业生产要素投资的激励不足，长期契约有利于提高农地的要素投资。罗必良等（2017）认为不同的流转对象有不同的经营目的，农户更愿意和家庭农场这类对象签订长期契约。龙云等（2017）认为在农地流转市场化初期，农户在转入地上会实施较少的耕地质量保护行为，但随着流转市场化程度的加深，转入地的耕地质量保护行为会增加，但该文缺乏定量的实证检验和不同农户的差异性分析。肖顺武（2018）认为耕地质量保护应当与农村土地改革中的土地规模化经营趋势和农民权益保护相结合，但该文同样没有进行细致定量分析。

2. 农地产权与农户耕地质量保护研究

较多学者就农地产权与农户耕地质量保护行为的关系展开研究。Besley（1995）指出，稳定的产权有利于经济发展，只有在回报明确的情况下，投资才会活跃。王跃生（1998）认为农地产权制度是影响农户要素投入行为的最直接因素。如果投资得不到产权制度的有效保护，行为人将不愿意甚至放弃投资（Coase，1960；Alchian et al.，1972）。地权稳定性差异会影响农户对未来上地经营权的预期，进而对包括种植绿肥、施用有机肥和农作物秸秆还田等行为产生影响（朱民等，1997；Feder et al.，1998；Li et al.，1998；Carter et al.，1998；姚洋，2000；Jacoby et al.，2006；Deininger et al.，2006；毕继业等，2010；郜亮亮等，2013）。姚洋（1998）基于浙江和江西两省 449 户农户的调研发现，地权稳定性对农民种植绿肥有显著影响，流转期限短会诱导转入者在生产上的短期行为，容易形成土地粗放式经营，不利于保持地力。Gershon 等（1987）认为地权稳定是农地成为有效抵押品的前提条件，农户可因农地抵押而获得投资所需的贷款。马贤磊（2009，2010）和黄季焜等（2012）发现地权稳定能够激励农户自发的土壤保护性投资，有利于土地资源的可持续利用。但是，部分学者认为农地调整所引起的地权不稳定可能会影响与特定地块相连的要素投入，但定量结果发现并没有影响（Kung et al.，2000；许庆等，2005；陈铁，2007）。钟甫宁等（2009）用农户对未来农地调整时间的预期代表地权稳定性，同样发现地权稳定对要素投资的影响并不存在，即在农户土地经营规模小和土地经营收益低的条件下，农地调整及其所带来的地权不稳定不是影响农户在相连地块上的农地投资的重要因素。陈胜祥等（2013）认为农地集体所有制可能并不是耕地质量保护的障碍，农业比较收益低才是影响耕地质量保护的重要因素。罗必良（2016）认为土地经营权细分（排他权、处置权和交易权）有利于创新农业经营方式，一定程度上会有利于农户耕地质量保护。

六、文献述评

以上国内外学者对农户耕地休养行为的研究，取得了有价值的研究成果，对本书有重要的启示和很好的借鉴，也还存在有待进一步深入研究的内容，包括如下几个方面：①不同耕地休养措施之间存在明显差异。如施用农家肥、种植绿肥等需要耗费大量劳动力，具有较强的劳动偏向型特点；施用商品有机肥、农作物秸秆还田等则具有明显的资金偏向型特点，而已有关于耕地休养措施的相关研究则尚未充分考虑这种差异。②鲜有研究基于农地流转和农地产权视角探讨异质性农户的耕地休养行为，多数研究只是基于转入地和自家地的差异来分析农地投资情况。③已有研究多从静态视角，将农业经营主体整体化，探讨其参与耕地休养的行为，忽视了农地流转深入推进下的农户异质性。④耕地休养在我国的实践还十分薄弱，国内多数研究主要集中在耕地休养的区域资源环境、休养的技术路径和体制机制构建等宏观层面，异质性农户行为层面下的研究较少。

综上所述，本书将在借鉴、吸收国内外已有研究成果基础上，以农户家庭禀赋不同和时间偏好异质性为视角，分析并检验效益预期、非农就业和环境认知等对农户采用休耕、劳动密集型和资本密集型耕地保护措施的作用机制及其影响；并基于上述分析，提出在尊重农民意愿基础上科学有序推进耕地休养的政策措施。

第三章　中国耕地休养的历史演进与现行模式

第一节　中国耕地休养的发展历程

耕地休养我国自古有之，最早出现在西周时期，班固在《汉书·食货志》中就已经记载了"民受田，上田夫百亩，中田夫二百亩，下田夫三百亩，岁耕种者为不易上田，休一岁者为一易中田；休两岁者为再易下田，三岁更耕之，自爱其处"的休耕制。此外，《周礼》中记载的"一易之地"指的就是耕地需要休养一年之后才能继续耕种，而"再易之地"则指的是要休耕两年才能恢复耕作的土地。

战国之前，我国北方土地尚处于撂荒阶段。所谓撂荒，即在同一块土地上连种数年，待其地力耗尽、产出降低时，便抛弃不种并另开辟新地。撂荒存在的前提是有足够的土地供开垦者选择。被撂荒的土地则任其荒芜，经过一段时间，其表层植被可逐步得到恢复。撂荒土地再次达到开垦并利用时被称为熟荒。战国之后，土地休耕制度逐步被取消，但北方的耕作制度中，代田法（垄沟互换）、区田法（深耕播种施肥）、亲田法（分区集中施肥养地）都有休耕的效果，南方稻田也有普遍的冬季休闲制。在中原粮食主产区以外，各地还有不同形式的休耕存在。唐宋时期南方山区盛行畲田制，在这种制度下，菑田为休耕的田，新田为休耕后的新耕田，畲田为休耕后连续耕作的田。在宋代南方圩田区被水淹没后，农民被迫休耕，客观上也恢复了地力（表3-1）。南宋时，南方稻区冬季沤田的耕作习惯与清代普遍存在于四川丘陵稻区的冬水田相近，其实质均是通过灌水的方式使土地得到休养和恢复，这种方式一直到20世纪五六十年代还普遍存在。西南和海南等热带和亚热带区域少数民族地区实施的"刀耕火种"实际上也是一种休耕方式。在长期的实践过程中，人们发现，适当采取轮作、休耕的方式，以逸待劳，以退为进，以休为养，也可以得到维持地力、提高产量的目的。战乱引发的被动撂荒，也客观地取得了恢复地力的作用。在战乱之后或王朝建立之初所采用的奖励开垦政策，实则可以收取休耕之利。

表 3-1 中国耕作制度的发展历史

时间	休养种类	休养方式
公元前 771 年（西周）	撂荒制	转移耕作，刀耕火种
公元前 474 年（战国）	连作制	北方：一年一熟，两年三熟
公元前 89 年（汉朝）	轮作制	代田法、区田法
公元 1 世纪前后（东汉）	多熟制	北方：豆粮轮作
公元 2—4 世纪（魏晋）	多熟制	南方：双季稻，稻-麦-菜轮作复种
公元 7—13 世纪（唐宋）	畲田制	南方山区：菑田-新田-畲田
公元 14—19 世纪（明清）	轮间套作 精耕细作	北方：棉-粮轮作；南方：双季稻-冬季休耕，山地，玉米套作
公元 21 世纪	轮作休耕	轮作区：东北冷凉区和北方农牧交错区、黄淮海地区、长江流域；休耕区：河北地下水漏斗区；湖南重金属污染区；西南西北生态严重退化地区，黑龙江和新疆塔里木地区等

资料来源：赵其国，等.中国耕地轮作休耕制度研究［M］.北京：科学出版社，2019.

自战国开始，北方农作制由熟荒制逐步过渡为连作制。在以商鞅变法为代表的各诸侯国的富国强兵运动中，农业备受重视。此后的历代政府在垦荒与利用闲置土地方面均持鼓励态度，逐步形成了精耕细作的历史传统。土地合理轮作、注重有机肥施用以及适当的休耕，保证了土壤肥力的长久不衰。在轮作制度方面，东汉以后北方逐步形成了以豆谷轮作为主的轮作制，魏晋之后南方逐步形成以粮肥、粮菜轮作为主的基本模式（陈桂权等，2016），明清之后，我国传统农业的精耕细作表现在轮作复种、间作套种和加强田间管理等方面。

中国传统农业用地养地相结合的完整体系由用地和养地体系组成。用地体系由土地连种制、轮作复种制和间作套种制三个环节组成。养地体系用现代的观点可以概括为生物养地、物理养地和化学养地三个环节。生物养地主要是禾本科和豆科作物轮作，包括豆谷轮作和绿肥轮作。物理养地要开展适宜天时、地力、生物的三宜耕作，并进行深耕细作，创造成合理的土地耕层构造。化学养地主要是指增施堆肥、农家肥和有机肥等。

第二节　中国耕地休养的基本模式

我国是世界上历史最悠久的农业大国，具有 5000 年的文明史，在漫长的农业历史进程中，积累了丰富的农业生产技术和宝贵的农业生产经验。概括而言，我国在耕地休养的理论与技术方面，至少具有以下 4 个特点。一是起源早、历史久；二是面积大、分布广；三是类型多种、模式多样；四是功能强、效益佳。按照原农业部《全国种植业结构调整规划（2016—2020年)》，我国共分成 6 大区域，即东北地区、黄淮海地区、长江中下游地区、华南地区、西南地区、西北地区。

一、东北地区耕地休养的类型与模式

东北地区，主要包括黑龙江、吉林和辽宁 3 个地区，该地区地域辽阔、耕地面积大。松嫩平原、三江平原和辽河平原位于该区核心位置，耕地肥沃且集中连片，适宜农业机械耕作。雨量充沛，雨热同季，适宜农作物生长。进入 21 世纪以来，东北地区种植业生产专业化程度迅速提高，成为我国玉米和粳稻的重要产区；传统优势作物大豆种植面积则不断减少。东北地区人均耕地面积居全国前首，是我国条件最好的一熟制作物种植区域和商品粮生产基地。

东北地区轮作（换茬）较为普遍，历史上就有轮作换茬的传统，主要是因为作物比较均衡，过去多为"高粱-谷子-大豆""玉米-大豆-高粱"轮作方式进行，较低的施肥水平也促进了这种轮作方式的形成。目前，该地区主要种植小麦、玉米和水稻等。实行连作重茬几年之后，进行轮作换茬，或轮作换茬几年之后，又进行连作重茬。

东北地区生产实践上主要有：①水田，种植方式为中稻连作，即中稻-中稻-中稻。②水浇地，种植方式为连作或轮作。③旱地，种植方式为连作或者轮作。

二、黄淮海地区耕地休养的类型与模式

黄淮海地区位于秦岭-淮河线以北、长城以南的广大区域，主要包括北京、天津、河北、河南、山东等省份。该地区属于温带大陆季风气候，农业生产条件较好、土地平整、光热资源丰富，可以两年三熟到一年一熟，是我国冬小麦、玉米、花生和大豆的优势产区和传统棉区。

黄淮海地区生产实践上主要有：①北京，种植方式为轮作。②天津，种植方式为水旱轮作，或者稻菜轮作。③河北、河南和山东，主要种植方式为轮作。

三、长江中下游地区耕地休养的类型与模式

长江中下游地区主要包括上海、江苏、浙江、安徽、江西、湖南、湖北等7省份，属亚热带季风气候，水热资源丰富，河网密布，水系发达，是我国传统的鱼米之乡。耕作方式以一年两熟或三熟为主，大部分地区可以发展双季稻，一年三熟制。耕地以水田为主。种植业以水稻、小麦、油菜、棉花等作物为主，是我国重要的粮、棉、油生产基地。

该地区生产实践上主要有：①水田轮作制度，主要包括定区式轮作，换茬式轮作和高效化轮作；②旱地轮作制度，主要包括换茬式轮作、分带式轮作和高效化轮作。

四、华南地区耕地休养的类型与模式

华南地区主要包括广东、广西、福建和海南等4省份，大部分属于南亚热带湿润气候，是我国水热资源最丰富的地区。地形复杂多样，河谷、平原、山间盆地、中低山交错分布，是我国重要的热带水果、甘蔗和反季节蔬菜产区，产品销往我国港澳地区。传统粮食作物以水稻为主，兼有鲜食玉米，近年来马铃薯发展较快。油料作物以花生为主。

该地区生产实践上主要有：①粮菜轮作；②稻鱼轮作；③稻鸭轮作。

五、西南地区耕地休养的类型与模式

西南地区主要包括云南、贵州、四川、重庆等4省份，地处我国长江、

珠江等大江大河的上游生态屏障地区，地形复杂、生态类型多样、冬季温和、雨热同季，适宜多种作物生长，有利于生态农业和立体农业的发展。主要种植玉米、水稻、小麦、大豆、马铃薯、甘薯、油菜、甘蔗、烟叶等，是我国重要的农业生产区域。

该地区生产实践上主要有：①水田轮作制度，主要包括二熟制轮作，"双三制"轮作，半旱式轮作；②旱地轮作制度，主要包括旱地多熟轮作，旱地带状轮作。

六、西北地区耕地休养的类型与模式

西北地区主要包括陕西、甘肃、宁夏、青海、西藏、山西、内蒙古、新疆等8省份，大部分位于我国干旱、半干旱地带，土地广袤，光热资源丰富，耕地充足，人口稀少，增产潜力巨大。农业生产方式主要包括雨养农业、灌溉农业和绿洲农业，是我国传统的春小麦、马铃薯、杂粮、春油菜、甜菜、温带水果产区，也是重要的优质棉花产区。

该区主要生产实践有：①休耕，主要包括利用种植豆科作物豌豆、扁豆等来达到养地、休耕的目的；利用歇地以实现耕地休耕、恢复地力的目的；利用耕地种植牧草、苜蓿等，通过草田轮作，增加饲料生产，发展畜牧业等；还包括季节性休耕、年度休耕和多年休耕等。②轮作，实行一年一熟制或二年三熟制轮作等。

第三节　本章小结

我国耕种历史久远，耕地集约化利用程度高，在长期的耕地利用过程中，虽然有些地方地力维持较好，有的地方还培育了一些高肥力的土壤，但许多地方的耕地地力逐步衰退，一些利用不当的地方则产生了严重的耕地破坏现象。随着人口增长和社会经济的发展，人们对农产品特别是肉蛋奶的需求进一步增多，耕地还将承受更大的负荷，耕地质量问题日益尖锐。我国耕地质量保护需因地制宜开展耕地休耕和耕地养护，在保护中利用、在利用中保护，只有这样，才能维持良好的耕地质量，确保粮食安全和农业可持续发展。

第四章 农户休耕地养护行为研究
——产前环节

第一节 问题的提出

农户参与是实现耕地休养的微观基础，其行为直接影响到耕地休养的质量。然而，耕地"休耕"和休耕地的"养护"在我国的实践还十分薄弱，多数研究集中在耕地休养的区域资源环境、休养的技术路径和体制机制构建等宏观层面（赵其国等，2017），农户行为层面上的研究较少。多数文献更多的是从耕地质量保护视角展开分析，如陈美球等（2008）分析了农户有机肥投入、水利建设和土壤改良资金投入意愿，发现农户年龄、性别、家庭农业劳动力人数是主要影响因素。杨志海等（2015）从兼业分化视角对比分析了不同农户耕地质量保护投入行为的差异，发现兼业对农户耕地质量保护投入有显著负向影响，且随兼业程度加深而减弱。多数学者还认为地权稳定性差异会影响农户对未来土地经营权的预期和农地投资，进而对包括种植绿肥、施用有机肥和农作物秸秆还田产生影响（朱民等，1997；Feder et al.，1998；Li et al.，1998；Carter et al.，1998；姚洋，2000；Jacoby et al.，2006；Deininger et al.，2006；毕继业等，2010；郜亮亮等，2013）。近年来，国内已有少量文献开始直接关注农户参与耕地休养的意愿，如李争等（2015）发现非农收入比例和对耕地质量的主观判断，对农户休耕意愿分别具有正向和负向影响，即家庭非农收入水平越高，农户参与休耕的意愿越强；农户对耕地质量的主观判断越好，参与耕地休养的意愿越低。沈孝强等（2016）认为农户自主选择是否参与农地休耕项目，能弥补传统强制实施模式下的农户抵触和成本过高等问题，但也认为农户自主选择会存在道德风险，即参与耕地休养的农户可能会对土地"休而不养""应养未养"甚至"不休不养"。俞振宁等（2017）进一步通过 Logit 模型整体回归和分组回归发现，农户耕地休养意愿同时受到户主及家庭、耕地休养规制变量、休养环境与市场认知改革变量的影响；非农收入越高，农户对耕地休耕政策越满意，参与耕地休养的概率越高；相比于未撂荒农户，撂荒农户存在较多的耕地只"休"不"养"问题。

耕地休养不仅要"休耕"，还要注重休耕地的"养护"。休耕并不是简单的停止耕种或废耕，要做到"休而不退、休而不废"，休耕后的养护对提升地力更为关键。饶静（2016）认为对休耕后耕地的管理养护比休耕本身更加重要。耕地休耕应当注意不要因土地休耕引起新的生态破坏，更不能违背农户意愿强行休耕，进而产生道德风险和执行冲突，要在充分尊重农民意愿基础上，发挥农民的主观能动性，提高其参与耕地休耕的积极性。因此，对休耕地"养护"的农户行为特征进行分析十分必要，特别是对休耕地的农户养护行为展开分析具有现实需求。

本章从微观视角分析农户的耕地休耕行为特征及其影响因素，将休耕地的管理养护一并纳入分析框架，并采用计量模型，定量研究各因素对农户休耕地养护的影响，一定程度上能弥补已有研究在农户休耕地养护层面上的空缺，能为在尊重农民意愿基础上科学有序推进耕地休养和减少道德风险提供决策参考。

第二节　模型构建

根据舒尔茨（2006）提出的"理性小农"假设，假设农户在给定资源约束下，是否进行休耕地的养护是其基于追求利润最大化时的选择，是对成本收益进行动态比较的结果。休耕地养护带来的收益发生在未来多期，效果发挥需要一定的时间周期。借鉴 Atanu（1994）和 Gedikoglu（2010）的分析框架，农户是否进行休耕地养护可呈现出以下的动态优化模型：

$$\max_{X \in (0,1)} \sum_{t=0}^{T} \beta^t \pi_t \qquad (4-1)$$

式中，β 为贴现率，$0 < \beta < 1$，X 为农户是否进行休耕地养护的行为决

策，$X=0$ 表示农户不进行休耕后的养护，并假设此时获得的利润为 $\pi_t=\pi_M$，$X=1$ 表示农户进行休耕后的养护，并假设此时获得的利润为 $\pi_t=\pi_N$，为解决上述问题，可列出满足贝尔曼方程的值函数 $V(\pi_N)$。

$$V(\pi_N) = \max_{X\in(0,1)}\left\{\frac{\pi_N}{1-\beta}-C,\pi_M+\beta\int_0^B v(\pi'_N)\mathrm{d}F(\pi'_N)\right\}$$

$$(4-2)$$

式中，C 代表农户进行休耕地养护所花费的总成本。π_{NE} 为临界值，表示农户在进行休耕地养护后的一个均衡收益水平，即在此收益水平下农户进行休耕地养护与否两种决策所对应的收益是相等的。因此，可以计算得出 π_{NE} 的值如下：

$$\pi_{NE} = (1-\beta)\left[C(c(L),L)+\pi_M+\beta\int_0^B v(\pi'_N)\mathrm{d}F(\pi'_N)\right]$$

$$(4-3)$$

此时，农民对休耕地养护与否的决策可以表达为以下形式：

$$X=\begin{cases}0 & if \quad \pi_N\leqslant\pi_{NE}\\1 & if \quad \pi_N>\pi_{NE}\end{cases}$$

$$(4-4)$$

当休耕地养护所得利润 π_N 小于或等于临界值 π_{NE} 时，农户不会进行休耕地养护；如果所得利润大于临界值 π_{NE}，农户则会进行休耕地养护。进一步，我们将农户进行休耕地养护所花费的总成本 C 定义为如下形式：

$$C=c(L)\times L \qquad (4-5)$$

式中，$c(L)$ 为休耕地养护的单位成本，L 为休耕规模。进一步，我们对（4-3）式进行推导，可以得出：

$$\frac{\partial \pi_{NE}}{\partial L}=(1-\beta)\times\frac{\partial C(c,L)}{\partial L} \qquad (4-6)$$

由于 $0<\beta<1$，则 $\frac{\partial \pi_{NE}}{\partial L}$ 与 $\frac{\partial C(c,L)}{\partial L}$ 符号相同。如果休耕地养护所花费的总成本 C 随休耕规模增大而递减，则临界值 π_{NE} 也随休耕规模增大而不断减小，意味着随着休耕规模的扩大，农户进行休耕地养护的可能性就会越高。

在具体模型选择上，农户是否进行休耕地养护是典型的二元选择变量。因此，本部分使用 Logit 二元选择模型作为基准模型，形式如下：

$$P_i = F\left(\varphi + \sum_{j=1}^{m} \varphi_j X_{ij} + \mu\right) = \cfrac{1}{1 + \exp\left[-\left(\varphi + \sum_{j=1}^{m} \varphi_j X_{ij} + \mu\right)\right]}$$

$$(4-7)$$

进一步，对式（4-7）求对数，可得到：

$$\ln\left(\frac{P_i}{1-P_i}\right) = \varphi + \varphi_1 X_{i1} + \varphi_2 X_{i2} + \cdots + \varphi_m X_{im} \qquad (4-8)$$

式中，P_i 为因变量，表示农户进行休耕地养护的概率；X_{im} 为自变量，用来表示影响农户是否进行休耕地养护的解释变量；φ_m 为回归系数，i 表示选择的样本。

第三节　数据来源、农户认知与描述性统计

一、数据来源

本部分所用数据来源于课题组 2017 年在贵州省开展的农户微观调查。贵州省属于高人口密度的传统农耕区，农业生产对自然环境依赖性强，耕地石漠化现象十分严重，属于典型的生态严重退化地区。通过分层随机抽样，本次调研选取了六枝特区中的双夕村、岩脚村和新坪村作为研究区域。针对研究重点，调查问卷包含以下几个方面：①家庭及其成员的一般特征，如户主年龄及其受教育年限、家庭劳动力人数、身体健康状况、是否有稳定非农收入、非农就业地点和是否受过非农培训等情况。②农户土地利用的基本情况，如耕地面积、地块数、耕地坡度、灌溉条件、离主要公路干线距离、是否撂荒及撂荒原因等。③农户耕地休养情况，主要包括农户对耕地休养的认知、休耕意愿、休耕规模、休耕后的养护和休耕补偿标准满意度等情况。为保证问卷质量，问卷经过预调查后多次修正，正式调查采取调查员和农户面对面交流，调查员代为填写问卷的方式进行，调查结束后对问卷进行集中检验，共获取有效问卷 213 份。

二、农户行为特征

耕地休耕不能违背农户意愿，只有符合农户利益，农户才会乐于接受并积极参与，从而降低道德风险、减少执行冲突和加强耕地管理。从农户愿意

参与休耕的原因来看（表4-1），劳动力不足、年龄大是多数农户愿意参与耕地休耕的最主要原因，占比达到 35.14%；其次为休耕补偿价格高，从众，土地质量差、亩产低，外出务工工资高，占比分别为 31.98%、27.02%、22.07% 和 20.27%。

表4-1　农户愿意参与休耕的原因

愿意参与休耕的原因	农户占比（%）
休耕补偿价格高	31.98
劳动力不足、年龄大	35.14
土地质量差、亩产低	22.07
外出务工工资高	20.27
土地产权提升，愿意提高地力	3.60
从众	27.02
其他	9.00

数据来源：据调研数据整理。

此外，调查样本地区多为丘陵山区，土地细碎化较严重，当适合于老年农户操作的小型农机无法大范围使用，抑或使用成本较高时，老年农户会选择离家较近且地块规模较大的土地进行耕种，离家较远的耕地会选择进行休耕，以获取休耕补贴。一般而言，农户愿不愿意休耕是基于种地收益、非农收入和休耕补偿金比较后的决策。外出务工工资提高会增加务农机会成本，是否能在非农就业市场上获得稳定的就业对农户的休耕行为有重要影响。调查数据还显示，农户对土地质量差、亩产低的现状比较了解，对能提高土地质量的休耕行为存在一定的接受度。为在尊重农民意愿基础上推进耕地休耕，应充分考虑农户的非农就业能力和对耕地质量的认知等，辅以正确的引导，进而提高农户参与耕地休耕的积极性。当前，国家层面正不断推动耕地休养和扩大休耕试点区域，为降低制度执行成本和提高执行效率，应充分考虑农户间的异质性。

在农户不同年龄、耕地地块数和耕地规模下，农户的耕地休耕规模会存在差异（表4-2）。在36~60岁这一年龄段的农户，耕地休耕规模最低，仅为3.77亩，农户占比达到57.21%；年龄低于36岁和高于60岁的农户，耕地休耕规模增多。首先，超过60岁的农户，因体力下降、不同地块离家距离不一、耕地细碎化和小型且操作简便的农机无法大范围使用等，机械无法有效替代、生产环节外包的难度和采用成本均会加大，在存在耕地休耕资金补偿时，老年农户选择休耕的概率将会增多。其次，对于 36 岁以下农户，基于市场对优质农产品需求增多和国家大力推动耕地休养，农业政策也从增产导向转向提质导向，为提高地力和农产品质量，追求长期收益最大的农户（特别是"远视型"农户）选择参与休耕的概率也会提高。从家庭耕地禀赋来看，随着耕地规模和地块数不断增多，耕地休耕规模也会不断增多，样本地区农户耕地规模在 15～20 亩时，参与休耕规模最大，达到 8.65 亩。从农户间的异质性来看，青年型农户进行耕地休耕的积极性高，耕地休耕应注重在此类农户中重点推进。

表 4 - 2　耕地休耕规模的分析

分类标准	指标	休耕规模（亩）	农户占比（％）
不同年龄段 （岁）	<36	4.56	14.41
	36～60	3.77	57.21
	>60	5.12	28.38
不同地块数 （块）	<6	4.06	79.61
	6～10	4.77	14.08
	>10	6.83	6.31
不同耕地规模 （亩）	<5	2.7	39.64
	5～10	4.43	40.09
	10～15	6.41	14.86
	15～20	8.65	4.5
	>20	11	0.9

数据来源：据调研数据整理。

　　休耕并不是抛荒，也不是废耕，休耕期间需做好休耕地的管理养护，避免土地抛荒引起新的生态破坏。对于休耕地的养护情况（表 4 - 3），样本地区大约只有 39.46％的农户会对休耕后的土地进行管理与养护，超过一半以上的农户在参与休耕后，不会进行休耕地的养护。从村级层面来看，农户所在村进行耕地休耕后的养护概率更低，仅为 33.63％。从不同休耕规模来看，当农户休耕规模小于 5 亩时，大约有 40.67％的农户会进行休耕地的养护；休耕规模在 5～10 亩时，有 44％的农户会进行休耕地的养护；当休耕规模在 10～15 亩时，仅有 30.77％的农户会进行休耕地的养护；当休耕规模大于 20 亩时，农户不会主动进行休耕地的养护。尽管国家层面在不断推动耕地轮作休耕试点，也不断在扩大试点区域，但农户对耕地休耕的认识并不高，休耕地的养护情况仍比较低。为减少政策执行成本和提高执行效率，迫切需要提高农户对耕地休耕的认识和参与积极性。

表 4 - 3　耕地休耕后的管理养护情况

分类	指标	是（％）	否（％）
总体	您家有没有对休耕后土地进行后续管理与养护？	39.46	60.64
	您村有没有对休耕后土地进行后续管理与养护？	33.63	66.37
不同休耕规模（亩）	＜5	40.67	59.33
	5～10	44.00	56.00
	10～15	30.77	69.23
	15～20	50.00	50.00
	＞20	0	100.00

数据来源：据调研数据整理。

样本地区农户签订耕地休耕合同的占比为 68.33％，24.43％的农户并没有签订休耕合同，尚有 7.24％的农户表示不清楚，说明试点地区的耕地休耕不尽如人意，农户主动参与并关注耕地休养的并不多，一定程度上会影响耕地休耕的实际效果。签订休耕合同会降低农户的道德风险，休耕地的养护概率也会增多，有利于改善休耕的实际效果。进一步，通过追问农户"是否愿意为保护土地而减少化肥农药施用"，63.23％的农户表示愿意，28.25％的农户会选择视情况而定，侧面说明当前农户对化肥农药过量施用带来的耕地质量下降具有一定的认知，对于采取措施干预农户进行耕地质量保护具有一定的促进作用。

三、描述性统计

表 4 - 4 列出了样本地区各变量的描述性统计结果。不到一半的农户会进行休耕地的养护，占比仅为 39.6％，参与积极性并不高。户均耕地规模较小，土地细碎化较为严重，平均休耕规模为 4.14 亩，户均耕地面积为

6.54 亩，平均地块数约 5 块，耕地坡度平均在 25°左右。耕地灌溉条件较差，基本不能保证能有效灌溉，粮食靠天收的现象比较普遍。在非农就业机会不断增多和务农机会成本上升的背景下，一家一户经营小面积土地的农业生产成本较高，特别是丘陵山区，受地形地貌限制，农地流转市场发育较为缓慢，农户很难通过一次流转就能流转到同自己承包地块相邻的土地，流转交易的成本高更是加剧了土地抛荒或粗放耕种的可能性。从农户人力资本来看，农业劳动力年龄普遍较高、受教育程度低且自我认定的健康为中等，平均年龄约 50 岁，受教育水平为小学。当前，适合于丘陵山区老年人操作的小型农业机械较少且使用成本较高，机械无法有效替代劳动，导致有效农业劳动力投入不足。从农户非农就业情况来看，非农就业地点基本在本市范围内、县城附近居多，非农就业培训较少且非农收入不稳定。

表 4-4　各变量的描述性统计结果

变量	单位和定义	平均值	标准差
休耕地是否养护	1＝是；0＝否	0.396	0.490
休耕规模	亩	4.137	2.980
耕地面积	亩	6.544	4.110
地块数	块	4.568	3.440
耕地坡度	1＝≤15°；2＝15°～25°；3＝≥25°；4＝梯田	2.577	1.280
耕地灌溉条件	1＝能保证灌溉；2＝不能保证灌溉；3＝望天收	2.401	0.640
耕地离家的平均距离	公里	1.361	0.810
平均年龄	岁	50.338	16.670
健康程度	1＝优；2＝良；3＝中；4＝差；5＝丧失劳动力能力	2.292	1.020
平均受教育程度	1＝文盲；2＝小学；3＝初中；4＝高中；5＝大专及以上	1.833	0.700
非农从业地点	1＝本县；2＝县外市内；3＝市外省内；4＝省外	1.257	6.130
是否受过非农培训	1＝是；0＝否	0.095	0.340
非农收入是否稳定	1＝是；0＝否	0.140	0.380
休耕能否提高土地肥力	1＝能；0＝不能	0.550	0.499
休耕补偿多少比较合适	1＝500～600 元；2＝600～800 元；3＝800～1 000 元；4＝>1 000 元	1.851	0.850

注：据调研数据整理。

第四节　实证结果分析

本部分使用 Stata15.0 软件进行二元 Logistic 回归，并采用极大似然法进行参数估计，为控制模型异方差、自相关以及异常值可能的影响，回归采用稳健型估计。实证结果如表 4-5 所示：休耕规模对休耕地养护的影响在 5% 的显著性水平下为正，边际效应为 0.015 9，即休耕规模增加 1 亩，农户进行休耕地养护的概率会增加 1.59%。丘陵山区农户收入水平普遍较低，加之交通不便，农户往返于农业和非农工作的交通成本较高，对土地的依赖会更明显。休耕规模越大，农户进行休耕地养护的边际成本会更低，会越愿意对休耕地进行养护，以便提高地力。户主年龄对农户进行休耕地养护的影响显著为负。样本地区农户年龄普遍较高，年龄大且农业劳动力不足是农户选择耕地休耕的最重要原因。休耕地的养护同样需要劳动力投入，年龄越大，农户用于农业的有效劳动投入会减少，农户对休耕地养护的概率会越低。身体健康程度对农户是否进行休耕地养护的影响为负但不显著，身体健康越差，有效农业劳动供给时间会越少，对休耕地进行养护的概率会越低，不显著的原因可能是样本地区农户普遍觉得身体健康状况一般，特别是在丘陵山区，农户对自身身体健康与否的客观认识普遍不足，在没有较为严重的病况下，均会认为自身身体健康较好，进而导致影响结果的不显著。

从农户对耕地休耕的认知来看，休耕能提高土壤肥力的认知对农户进行休耕地养护的影响在 1% 水平下显著为正，即农户如果主观认为耕地休耕能提高土地肥力，其进行休耕地养护的概率会提高。耕地休养不能违背农户意愿，应充分发挥农户的主观能动性，样本地区大约有 55% 的农户认为，耕地休耕能够提高土地肥力，对休耕表现出积极的态度。休耕补偿金额对农户进行休耕地养护的影响在 10% 水平下显著为正，提高休耕补偿可以提高农户进行休耕地养护的积极性。休耕补偿金额是耕地休耕的机会成本，如果休耕补偿金额较为合适，农户的道德风险行为和政府进行耕地休耕时的执行冲突会降低，休耕执行效果也会增强。

表 4-5　农户休耕地养护行为决策的回归结果

变量名	Coef. (S. E)	dy/dx (S. E)
休耕规模	0.023 5**	0.015 9**
	(0.011)	(0.007)
年龄	−0.309 0**	−0.086 7**
	(0.128)	(0.035)
健康程度	−0.169 0	−0.047 3
	(0.121)	(0.034)
受教育年限	−0.017 9	−0.005 0
	(0.138)	(0.039)
耕地离家平均距离	0.009 3	0.002 6
	(0.129)	(0.362)
耕地坡度	−0.017 2	−0.004 8
	(0.084)	(0.024)
耕地面积	0.031 7	0.008 9
	(0.032)	(0.010)
平均地块面积	0.182 0**	0.051 0**
	(0.078)	(0.021)
耕地灌溉条件	−0.824 0***	−0.231 3***
	(0.165)	(0.039)
是否受过非农培训	−0.173 0	−0.048 5
	(0.299)	(0.084)
非农就业地点	0.017 2	0.004 8
	(0.020)	(0.006)
非农收入是否稳定	−0.630 0*	−0.176 8*
	(0.349)	(0.097)
休耕能否提高土地肥力	0.702 0***	0.197 2***
	(0.203)	(0.097)
休耕补偿金额多少比较合适	0.017 1*	0.004 8*
	(0.008)	(0.002)
常数项	1.618 0**	—
	(0.639)	

注：括号内为 robust 稳健标准误，***、** 和 * 分别代表在 1%、5% 和 10% 的置信水平上显著。

从耕地的自然属性来看，耕地灌溉条件对农户进行休耕地养护的影响在1%水平下显著为负，耕地能否进行有效灌溉是影响农户进行休耕地养护决策的关键变量，耕地灌溉条件越差，农户进行休耕地养护的概率越低。农业生产由于存在季节性，对自然条件依赖较大，丘陵山区由于地形地貌限制，农业基础设施建设较差，更是加大了有效灌溉面积的不足。在农业有效劳动力供给不足的丘陵山区，农业机械替代劳动本身存在客观困难，适合于年龄较大农户操作的小型农机较少且使用成本较高，更是加深了灌溉条件对农业生产和农民休耕地养护与否决策的影响。地块面积对农户进行休耕地养护的影响在5%水平下显著为正，单个地块面积越大，越容易实现地块层面上的规模经济，有利于降低要素投入和休耕地养护的边际成本，进而提高农户休耕地养护的概率。耕地坡度对农户进行休耕地养护的影响为负但不显著，耕地坡度高容易造成水土流失，不利于耕种，农户也不愿意进行休耕地的养护。耕地面积对农户进行休耕地养护的影响为正，相比于耕地面积较小的农户，耕地面积较大的农户会比较重视农业生产，也会比较注重农业的长期收益，选择进行休耕地养护的概率会更高。

从非农就业情况来看，非农收入稳定是影响农户进行休耕地养护的关键因素。非农工作时间往往具有连续性和长期性，工作时间很难在农业和非农用途之间灵活配置，丘陵山区交通不便更是降低了工作时间的灵活配置，降低了农户对土地的依赖和对土地的长期预期。非农收入越稳定，一定程度上可以说明农户非农劳动时间较为稳定，用于农业的劳动时间将会受到限制。非农培训对农户进行休耕地养护的影响为负，符合预期，非农培训一定程度上会增强农户的非农就业能力，在非农就业机会不断增多和小农户农业收益比较低的环境下，为追求家庭总收益最大，接受过非农培训的农户会选择外出就业，对休耕地养护的可能性会降低。

第五节　本章小结

耕地休养不仅要"休耕"，还需注重休耕地的"养护"。农户是实现耕地休养的微观基础。本部分从农户层面，探讨了在国家大力推动耕地休养的背景下，农户的耕地休养行为特征及其影响因素，重点围绕农户的休耕地养护行为展开分析，并利用贵州省生态严重退化地区的农户微观数据，定量分析了影响农户休耕地养护的因素。分析结果显示：休耕规模扩大有利于提高农户休耕地养护的概率。丘陵山区应该大力鼓励相邻地块的流转整合，扩大地块面积，更大程度地实现地块规模经济，进而降低单个地块耕地养护的边际成本。此外，农户对休耕能否提高地力的主观认知是影响其是否进行休耕地养护的重要因素。耕地休养不应强行自上而下的实施，应在充分尊重农民意愿基础上，提高农民参与耕地休养的主观积极性，进而提高实施效率和减少执行成本。

在农业规模化经营进程加快和农户不断分化的背景下，新型农业经营主体或青年型农户已成为我国农业现代化发展的重要组成力量，他们更加追求农业长期收益最大和提供优质农产品的动机更强，其进行耕地休养的示范作用会越来越明显。政府部门应对新型农业经营主体或青年型农户给予更多的关注、引导和支持，增强其对耕地休耕后的土地收入预期和参与耕地休耕的积极性。作为培肥地力的重要手段，耕地休养需要从农户的自身资源禀赋出发，不同新型农业经营主体的行为方式不一样，了解其需求、并注重这种共性和差异性，促使农户真正积极地参与耕地休养，最终成为耕地休养的直接受益者。

丘陵山区土地细碎化较为严重，交通不便更是加大了农产品销售的困难，农业的低收益会增强农户外出务工获取非农工资的动机。一个不容忽视的客观事实是，当前女性劳动力外出就业和农户举家迁移的趋势不断增强，政府可以充分利用这一趋势，就近就地地提供更多的女性非农就业培训，并辅以相关优惠政策，增强女性劳动力在非农就业市场上获取非农工作的能力，从而降低其对土地的依赖，为耕地休养创造有利条件。

此外，在推进耕地休养过程中，随着乡村振兴战略、农业强国等国家战略的实施，农户对保有土地的热情逐渐增加，特别是"第二轮土地承包到期后再延长三十年"的政策使得土地承包权的稳定性也有了政策保障，农民对地权的认识会不断增加，对土地长期增值的预期也会越来越强。我们可以充分利用乡村振兴和农业强国战略的重要机遇期，大力宣传耕地休养的正外部性，提高农户参与耕地休养的积极性、主动性和实施绩效。

第五章　农户耕地重金属污染治理行为研究——产前环节

第一节　问题的提出

耕地重金属污染具有潜在性、隐蔽性和长期性的特征。中国耕地重金属污染严重，亟须治理。

近年来，国内许多学者从耕地重金属污染治理角度进行了研究，这些研究为本书提供了很好的研究基础，但仍存在进一步深入探讨的空间。耕地重金属污染治理既需要政府的政策推动，更需要农户的积极参与。农户环境认知能力提高并主动接受某项环境政策，是降低政策执行成本和防止道德风险的有效途径。以往研究多从耕地重金属污染治理的技术措施等宏观视角切入，微观农户尺度上的定性或定量研究还比较缺乏，忽视了农户环境认知能力提高对耕地重金属污染治理的正向促进作用。对农户环境认知能力提高和耕地重金属污染治理的关系研究还不够充分。此外，在农业规模化经营进程不断加快的背景下，农户农业生产方式和农户生计结构都发生了较大变化，如何充分调动农户耕地重金属污染治理的积极性，提高政策执行效率，是推动耕地重金属污染有效治理的重要内容。

据此，本部分将在生态环境约束趋紧、居民消费结构升级和人们对优质农产品需求日益增多的背景下，基于农户对生态环境的认知能力不断提高，本部分将农户的非农就业、环境认知和耕地重金属污染治理行为纳入一个分析框架，并运用计量模型，科学评估农户的非农就业和环境认知对耕地重金属污染治理意愿的影响效果，拓展相关研究，并为解决现实问题提供决策参考。

第二节　分析框架和研究假说

农户作为理性经济人，基于资源有限和外在制度环境约束，会自我选择最优的资源配置或行为方式来实现自身效用最大化。农户是否愿意参与耕地重金属污染治理，取决于污染治理的成本和所得收益的比较（图 5-1）。

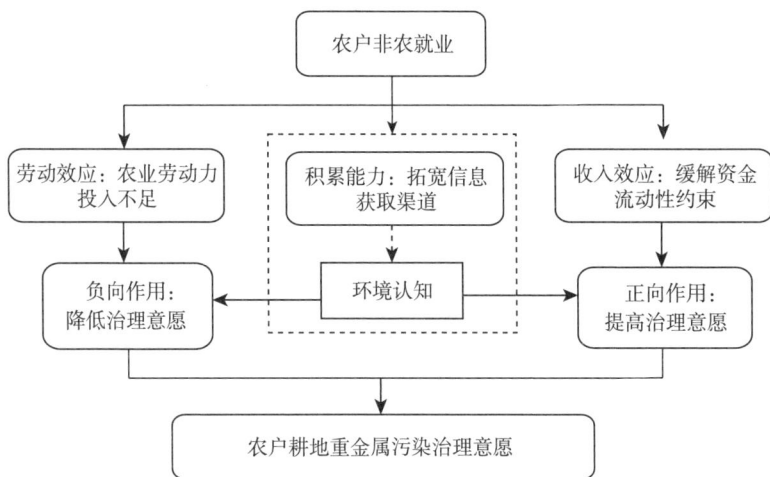

图 5-1　分析框架图

首先，经济快速发展促进农业劳动力不断向非农部门转移，非农收入的增长会缓解农户的资金流动性约束，增加可支配收入。统计数据显示，我国农户非农收入占家庭总收入比重不断提高①。当前，随着农村改革、农地确权和农地"三权分置"的深入推进，农民的地权意识和对农村土地增值的收益预期越来越强，保有土地的热情不断增加。随着非农收入的增加，农民为在未来获得一个更好的收益预期，耕地重金属污染治理的意愿会增强。

其次，伴随农户的非农就业，农业劳动力有效供给减少，耕地重金属污染治理的劳动约束增强。随着农业劳动力外出就业增多，农业生产的老龄化和兼业化越来越严重，一家一户经营小面积土地的农业生产成本较高，特别是丘陵山区，受地形地貌限制和农地流转市场发育缓慢影响，农户很难通过

---

① 蔡昉 2016 年就指出，2012 年以来农户纯收入中有 65.6% 与农业无关。

一次流转就能流转到同自己承包地块相邻的土地，流转成本高昂；农业机械也因地形无法有效替代劳动，农户的农业经营积极性和对土地的依赖程度会降低，土地抛荒或粗放耕种的可能性增加，耕地重金属污染治理意愿亦随之下降。

最后，非农就业可以通过拓宽信息获取渠道来提高农户的生态环境认知水平。农户是耕地重金属污染的直接受益者，生态环境认知也会影响其耕地重金属污染治理的意愿。Ajzen（1991）认为行为态度、主观规范和知觉行为控制共同决定消费者的行为动机。行为态度对行为动机有重要影响。如果农户认为耕地重金属污染影响到自己或家人的身体健康，又或者农户的环境保护意识增强，那么随着非农收入的增加，农户参与耕地重金属污染治理的意愿会提高。

基于上述分析，本部分提出以下研究假说：农户的非农就业和环境认知会影响其耕地重金属污染治理的意愿，但各个作用路径的影响不尽相同，各路径的影响强弱最终决定了其对农户耕地重金属污染治理意愿的影响效果。

第三节　模型构建

在具体模型选择上，农户是否愿意治理耕地重金属污染或参与耕地休耕属于典型的离散型二元选择变量，难以用连续数值表示；并且，环境认知变量大多数也不是连续值，如果采用 OLS 进行估计，则会把排序数据作为基数来处理，造成结果有偏且不一致，需采用适合分析离散因变量的二元选择模型。因此，本部分使用 Probit 模型进行计量估计，具体模型形式如下：

$$P_i = F\left(\varphi + \sum_{j=1}^{m} \varphi_j X_{ij} + \mu\right) = \frac{1}{1 + \exp\left[-\left(\varphi + \sum_{j=1}^{m} \varphi_j X_{ij} + \mu\right)\right]}$$

$$(5-1)$$

进一步，对式（5-1）求对数，可得到：

$$\ln\left(\frac{P_i}{1-P_i}\right) = \varphi + \varphi_1 X_{i1} + \varphi_2 X_{i2} + \cdots + \varphi_m X_{im} \qquad (5-2)$$

式中，$\dfrac{P_i}{1-P_i}$ 为发生比（$Odds$），即某事件出现的概率与不出现的概率之比，本模型中表示农户愿意治理耕地重金属污染和不愿意治理的概率比。

P_i 表示农户愿意治理耕地重金属污染或参与休耕的概率；X_{im} 为自变量，用来表示影响农户是否愿意治理耕地重金属污染或参与耕地休耕的解释变量；φ_m 为回归系数；i 表示选择的样本。

第四节 数据来源、农户认知与描述性统计

一、数据来源

湖南省和江西省同为全国耕地重金属污染重点防控省份。湖南省长株潭重金属污染区为国家耕地轮作休耕试点地区，江西省耕地重金属污染治理起步较早，基于该地区样本的调查研究，对于全国耕地重金属污染治理具有重要的参考价值。据此，本部分的数据来源于课题组在 2016 年 11—12 月对湖南省和江西省耕地重金属污染地区农户的入户调查。本次调研通过分层随机抽样，抽取了湖南省的长沙县、茶陵县和湘潭市，江西省的乐平市、德兴市和贵溪市作为调研区域。针对本部分的研究重点，调查问卷包含以下几个方面：①农户的基本特征，如户主年龄及其受教育情况、家庭劳动力人数和家庭收入等；②农户土地的基本情况，如耕地面积、撂荒面积及其原因、休耕面积、农业投入产出等；③农户耕地重金属污染的了解度和参与度情况，主要包括是否愿意出资金来治理耕地重金属污染，农户对耕地重金属污染影响的认知以及耕地重金属污染治理责任的承担情况等；④耕地休耕的了解度和参与度，如是否了解耕地休耕，对休耕补偿金额的满意度等。为保证问卷质量，问卷内容经过预调查后多次修正，正式调查采取调查员和农户面对面交流，由调查员代为填写问卷的方式进行，调查结束后对问卷进行集中检验，共获取有效问卷 265 份。

二、农户认知

耕地重金属污染具有潜在性、隐蔽性和长期性的特征，会不可逆转地造成人类健康隐患和生态环境恶化。由表 5-1 可知，部分农户认为耕地重金属污染已经影响到自己或家人的身体健康。农业生产是自然再生产和社会再生产的有机结合，土壤中的重金属元素会通过食物链途径被农作物吸收，导致农产品重金属含量超标，对人体健康产生影响。样本地区农户普遍认为自

家耕地受到中度的重金属污染，对当地耕地重金属污染的认知也较强，这对引导农户进行耕地重金属污染治理具有一定程度的正向促进作用。

表5-1 农户对耕地重金属污染的生态环境认知

选 项	指 标	取值
您认为耕地重金属污染影响了您或家人的健康吗？	1＝0；2＝有一点，影响不大；3＝有影响，危害很大	1.88
您家耕地重金属污染严重吗？	1＝0；2＝轻度污染；3＝中度污染；4＝重度污染	2.55
您认为当地耕地重金属污染严重吗？	1＝0；2＝一般；3＝严重	2.38

注：作者通过调研数据整理计算得出。

农户是耕地利用的最终主体，其农业生产行为直接关系到耕地重金属污染程度，不合理施用肥料、农药和污水灌溉等行为均会造成重金属在土壤中富集。由表5-2可知，农户认为耕地重金属污染的最大影响是导致作物减产，其次分别为影响身体健康、破坏环境和降低收入。一半以上的农户认为耕地重金属污染的主要责任在政府，其次为排污企业。样本地区多数农户还认为政府应该弥补耕地重金属污染造成的损失，并应该采取措施对受污染的耕地进行治理。农户对自身农业生产行为造成的耕地重金属污染认知不高，耕地重金属污染治理的主体责任意识比较缺失。

表5-2 农户对耕地重金属污染的社会环境认知

选 项	指 标	取值
您认为耕地重金属污染的最大影响是什么？	0＝没有；1＝作物减产	0.59
	0＝没有；1＝破坏环境	0.45
	0＝没有；1＝影响身体健康	0.52
	0＝没有；1＝降低收入	0.44
您认为耕地重金属污染的主要责任是谁？	0＝没有；1＝排污企业	0.46
	0＝没有；1＝政府及相关部门	0.51
	0＝没有；1＝农户	0.23
您认为在耕地重金属污染方面政府需要做什么？	0＝没有；1＝补偿损失	0.67
	0＝没有；1＝惩治排污企业	0.38
	0＝没有；1＝耕地技术治理	0.70
	0＝没有；1＝禁止耕种	0.02

注：①作者通过调研数据整理计算得出；②在每个选项中，农户存在多选情况，因此每个选项中的取值加起来可能并不等于1。

三、描述性统计

表 5－3 给出了各变量的描述性统计结果。样本地区大约仅有 40％的农户愿意出资金来治理耕地重金属污染，约有 55％的农户愿意参与耕地休耕。耕地休耕能获得资金补偿，可以弥补因休耕造成的农业损失，自己出资治理耕地重金属污染不仅会额外增加成本，还有可能造成农业损失。样本地区农户非农收入比例较高，一方面农户的农业比较收益低；另一方面，江西省和湖南省均是劳动力外出务工大省，家庭青壮年劳动力基本外出从事非农工作，家庭收入主要来源为非农收入。样本地区从事农业生产的劳动力多为 45 岁以上农户，受教育程度普遍为初中及以下水平，家庭农业劳动力人数户均约 2 人，种粮目的也多以自食为主。户均耕地面积平均不到 4 亩，低于全国平均水平，土地细碎化也较为严重。江西省和湖南省同为丘陵地区，土地细碎化较为严重，地形原因带来农地流转交易成本高和机械替代劳动力较差，导致农业生产的高成本和低收益。在非农就业机会不断增多和非农工资不断上涨的背景下，农业劳动力外出务工的动机越来越大，耕地撂荒现象也呈现不断扩大的趋势。

表 5－3 变量的描述性统计

属　性	指标定义及水平	取值
治理意愿（govern）	0＝不愿意；1＝愿意	0.40
休耕意愿（fallow）	0＝不愿意；1＝愿意	0.55
非农收入占比（ratio）	％	0.89
年龄（age）	1＝18 岁以下；2＝18～28 岁；3＝29～44 岁；4＝45～59 岁；6＝60 岁以上	4.35
受教育程度（edu）	1＝未受教育；2＝小学；3＝初中；4＝高中；5＝大学及以上	2.53
性别（gender）	1＝男性；2＝女性	1.39
家庭人口数（labor）	人	8.57
农业劳动力人数（agrilab）	人	2.06
耕地面积（area）	亩	3.94
种粮目的（purp）	1＝自己食用；2＝部分自食、部分售卖；3＝市场售卖	1.74

（续）

属　　性	指标定义及水平	取值
家庭耕地重金属污染程度（*pollution*）	1＝无污染；2＝轻度污染；3＝中度污染；4＝重度污染	2.55
耕地重金属污染的健康影响（*health*）	1＝没有；2＝有一点，影响不大；3＝有影响，危害很大	1.88
耕地重金属污染对环境影响最大（*environ*）	0＝不是；1＝是	0.45
政府对耕地重金属污染的技术治理（*tech*）	0＝没有；1＝有	0.70
因耕地重金属污染而放弃耕种（*aband*）	1＝不愿意；2＝愿意	1.52
是否了解休耕工程（*know*）	1＝不了解；2＝了解一点；3＝完全了解	1.53
村干部的休耕态度（*attitude*）	1＝不关心；2＝消极；3＝一般；4＝积极	2.95
休耕能否修复重金属污染（*restore*）	1＝不能；2＝不确定；3＝能	2.32
休耕补贴的满意度（*satisfac*）	1＝不满意；2＝一般；3＝满意	1.34

注：作者通过调研数据整理计算得出。

从农户对耕地重金属污染的环境认知情况来看，多数农户普遍认为家庭耕地已经受到中度的重金属污染，并认为耕地重金属污染在一定程度上已影响到自己或家人的身体健康，多数农户也愿意因耕地重金属污染而放弃耕种。样本地区约有一半的农户认为耕地重金属污染会对生态环境造成负面影响，绝大多数农户认为政府应该承担耕地重金属污染治理的主要责任。农户对耕地休耕工程并不是很了解，也普遍认为村干部对耕地休耕并不积极，导致农户对耕地休耕和耕地弃耕的关系认识不足。当前，样本地区农户对耕地休耕能否修复耕地重金属污染持怀疑态度，对耕地休耕资金补贴的满意度一般，侧面说明农户对当前的耕地休耕工程总体评价一般。

第五节　实证结果分析

本部分使用 Stata13.0 软件进行二元 Probit 回归，为控制模型异方差、自相关以及异常值可能造成的影响，回归采用稳健型估计。本部分设置了如下 4 个模型：模型 1 和模型 3 是在不考虑农户环境认知的情况下，非农就业对农户出资治理耕地重金属污染的意愿和参与休耕的意愿的回归结果；模型 2 和模型 4 为控制农户环境认知时的回归结果。Wald 检验均在 1％的水平下显著，4 个模型整体的拟合结果较好，具有较强的解释能力。具体回归结果见表 5-4。

由模型 1 和模型 3 可知，非农收入占比对农户参与耕地休耕意愿的影响显著为正，对出资金来治理耕地重金属污染意愿的影响则不显著。伴随农村劳动力大量外出就业，农业有效劳动力供给不断减少，丘陵地区因机械替代劳动力困难，农业生产成本高且收益低，耕地抛荒现象逐渐增多。耕地休耕能获得休耕补偿金，还能保护耕地，农户更愿意参与耕地休耕。江西省和湖南省同为丘陵地区，土地细碎化严重，农业基础设施和交通条件较差，农户兼业现象非常普遍，特别是大量远离城镇中心的农村地区，家庭纯收入较低。随着家庭总收入的提高，农户最先想到的是改善生活，如建新房、买商品房、增加子女教育支出等，耕地质量保护意识较差。耕地重金属污染具有隐蔽性和长期性的特征，多数农户对耕地重金属污染影响健康及其破坏生态环境缺乏认知，自己出资金来治理耕地重金属污染的意愿普遍较低。在控制农户环境认知之后（模型 2 和模型 4），非农收入占比对农户出资金来治理耕地重金属污染的意愿和参与耕地休耕的意愿的影响均为正，表明当农户具备耕地重金属污染的生态环境认知时，家庭非农收入越高，农户参与耕地重金属污染治理的意愿越强。

表 5-4　耕地重金属污染治理意愿回归结果

变量名	出资金治理耕地重金属污染的意愿		参与耕地休耕的意愿	
	Model 1	Model 2	Model 3	Model 4
ratio	−0.036 0	0.511	1.081*	1.054
	(0.477)	(0.529)	(0.639)	(0.642)
age	−0.334***	−0.343***	0.491***	0.547***
	(0.118)	(0.122)	(0.156)	(0.158)
edu	−0.165*	−0.172	0.297**	0.310**
	(0.093 4)	(0.109)	(0.125)	(0.129)
gender	0.084 4	0.095 9	−0.059 0	−0.125
	(0.164)	(0.187)	(0.213)	(0.224)
labor	−0.077 2**	−0.052 3	−0.035 5	−0.055 8
	(0.036 0)	(0.041 8)	(0.045 8)	(0.053 4)

（续）

变量名	出资金治理耕地重金属污染的意愿		参与耕地休耕的意愿	
	Model 1	Model 2	Model 3	Model 4
agrilab	−0.003 48	0.036 8	0.142	0.117
	(0.078 9)	(0.088 6)	(0.102)	(0.103)
area	−0.000 425	−0.000 602	−0.044 6	−0.070 3
	(0.033 3)	(0.039 3)	(0.045 5)	(0.050 2)
purp	0.071 1	−0.007 89	−0.145	−0.181
	(0.126)	(0.138)	(0.158)	(0.175)
pollution	—	0.218	—	0.120
		(0.184)		(0.192)
health	—	0.558 ***	—	0.243
		(0.132)		(0.163)
environ	—	0.316 *	—	0.661 ***
		(0.177)		(0.231)
tech	—	−0.806 ***	—	0.356
		(0.198)		(0.249)
aband	—	—	0.432 **	0.391 *
			(0.219)	(0.230)
know	—	—	0.550 ***	0.589 ***
			(0.207)	(0.219)
restore	—	—	0.563 ***	0.612 ***
			(0.145)	(0.159)
attitude	—	—	−0.068 4	−0.090 7
			(0.108)	(0.128)
satisfac	—	—	0.301 *	0.367 **
			(0.160)	(0.162)
constant	2.081 **	0.191	−5.937 ***	−6.496 ***
	(0.945)	(1.105)	(1.340)	(1.604)
	Wald =13.90 ***	Wald =58.61 ***	Wald =53.46 ***	Wald=59.66 ***
	R^2=0.044 8	R^2=0.232 9	R^2=0.212 0	R^2=0.264 7

注：括号内为标准误，*** 、** 和 * 分别代表在 1%、5% 和 10% 的置信水平上显著。

接下来的分析以模型 2 和模型 4 为准。在模型 2 中，耕地重金属污染对身体健康的影响在 1%的水平下显著为正，农户如果认为耕地重金属污染已经影响到自己或家庭成员的身体健康，出资金来治理耕地重金属污染的意愿会增强。样本地区多数农户认为耕地重金属污染的主要责任是政府，自己出资金来治理耕地重金属污染的意愿较低。年龄的影响在 1%的水平下显著为负，年龄越大，农户越不愿意自己出资金来治理耕地重金属污染。丘陵地区农业生产老龄化现象严重，对耕地重金属污染的认知普遍较差。从模型 4 来看，农户越了解耕地休耕工程，参与耕地休耕的意愿越强。农户如果主观认为休耕能够修复耕地重金属污染，对休耕资金补贴越满意，其参与耕地休耕的积极性会越强，越愿意参与耕地休耕。提高农户对耕地休耕的认知能力，有利于提高农户参与耕地休耕的积极性，并降低耕地休耕的政策执行成本和提高执行效率。当询问农户"是否愿意因耕地重金属污染而放弃耕种"时，多数农户表示愿意，即当明确告知农户耕地重金属污染的危害时，农户选择放弃耕种并参与耕地休耕的积极性会提高。

第六节　本章小结

近年来，耕地重金属污染问题引起了社会的广泛关注，在人们对优质农产品需求不断增多的背景下，本部分利用 2016 年在江西省和湖南省的农户微观调查数据，采用二元 Probit 模型，定量研究了农户的非农就业和环境认知对其耕地重金属污染治理意愿的影响。得出以下结论：第一，现阶段，多数农户认为耕地重金属污染的主要责任在政府，农户自身的主体责任意识较弱，耕地重金属污染治理的意愿普遍不高。丘陵地区农户非农收入增加并不会显著提高其耕地重金属污染治理的意愿。第二，农户普遍认为耕地受到重金属污染。农户对耕地重金属污染的环境认知和治理意愿存在紧密关系，农户的环境认知能力越高，耕地重金属污染的治理意愿会越强，参与休耕的积极性也会越高。

农户是耕地利用的第一主体，耕地重金属污染能否实现低成本的有效治理，关键在于农户。一直以来，政府片面注重耕地重金属污染治理的技术路径和技术治理的实际效果等，忽视了农户的环境认知对促进耕地重金属污染低成本治理的作用。我国正大力实施耕地质量保护行动，并鼓励引导农业生产者采取用地养地结合的措施，以此保护耕地质量。借此，政府部门可引入微观激励政策，加强耕地休耕对修复重金属污染的正面宣传作用，提高农户对耕地重金属污染的环境认知，促使农户真正参与到耕地重金属污染的治理中。

伴随农地经营权流转市场的不断完善和规范，农户的农业生产方式和生计结构都发生了很大变化，农户之间的异质性不断突出。土地经营规模户已成为我国农业发展的主力军，未来也将会是推动耕地重金属污染治理的主要力量。在此过程中，政府可以提供相关优惠或激励措施，进一步加强环境友好型农业技术的相关培训，从源头上降低生产资料投入对耕地重金属的污染。进一步引导土地规模经营户积极参与耕地重金属污染治理，强化规模户的示范带动作用。不同农户的资源禀赋、环境认知和适用市场环境的情况不同，在推进耕地重金属污染治理措施中，应注重不同农户之间的差异性，最终降低治理成本和提高执行效率。

农户不合理的农业生产方式，如过量施用化肥农药、养殖中滥用饲料添加剂等，都会造成耕地重金属污染，厘清农户在生产过程中的耕地重金属污染形成机制对于采取针对性措施来治理耕地重金属污染具有重要作用。未来研究可从种植户和养殖户等微观视角切入，结合农户的自身特征和农产品的生产特点，分析农户的要素投入行为对耕地重金属污染的影响机制，找出关键影响因素，为耕地重金属污染治理提供理论支撑和现实依据。此外，不同土地经营规模户、不同非农就业程度、不同非农就业地点农户的耕地重金属污染治理意愿会存在差异，未来可进一步基于此视角展开更加细致的分析，以期提出更具针对性的对策建议。

第六章 农户有机肥施用行为研究
——产中环节

第一节 问题的提出

建立环境友好型的农业生产体系，引导农户采取环境友好型生产行为是推进农业由增产转向提质和实现农业高质量发展的重要途径。以有机肥施用为例，截至 2016 年，全国有机肥企业数量接近 3 000 家，实际产量约为 1 500 万吨，仅占设计总产能的 47.4%[①]；我国有机肥使用率仅 20% 左右，而绝大多数发达国家都已到 50% 以上[②]。张弛等（2017）通过对黑龙江、河南、四川和浙江四省的农户调研发现，仅有 31.95% 的农户施用有机肥。长期以来，我国化肥施用量远远超过经济学意义上的最优施用量，是危及农业可持续发展的极大隐患（仇焕广等，2014；朱淀等，2014）。近年来，有关推进有机肥施用的利好政策不断出台，如 2018 年中央 1 号文件提出的"推进有机肥替代化肥"；《国家质量兴农战略规划（2018—2022 年）》提出的在重点县（市、区）开展有机肥替代化肥试点。当前，农户有机肥施用已成为推进农业绿色转型（Conway et al.，2013）和中国肥料供给侧改革的重要举措。

随着城乡居民收入水平的提高，人们的消费结构正在由吃饱吃好到吃出健康转变，消费者对优质农产品的需求也不断增加。有机肥施用能提高农产

[①] 数据来源于中国农业新闻网（http：//www.farmer.com.cn/jjpd/nz/fl/201801/t20180122_1352015.htm）。

[②] 数据来源于中国化肥网（http：//www.fert.cn/news/2016/6/20/201662015195646766.shtml）。

品品质、改善农产品的口感和风味（沈中泉等，1995；王允圃等，2011），能迎合消费者和市场的需求。按照消费决定生产、需求决定供给的市场经济规律，农户会减少化肥并增加有机肥的施用。然而，现实情况并非如此，取而代之的是农户大量投入化肥（Liu, et al., 2014）。近年来，中国农村劳动力不断向非农部门转移、农地流转市场也快速发展、农地"三权分置"不断推进，农户之间的异质化不断加深。不同农户的家庭资源禀赋、时间偏好和适应市场环境的情况不同，对有机肥施用会表现出不同的决策行为和差异。

稳定而明晰的产权被认为是经济发展的基石，它能稳定经济行为人的预期并激励长期投资（Furubotn et al., 1972）。在农业生产领域，地权稳定有利于改善农户的行为以及对未来产出的预期。地权不稳定可能会阻碍农户经营，并有可能降低农户长期投资的积极性（Besley，1995）。"第二轮土地承包到期后再延长三十年"的政策使得土地承包权的稳定性有了保障，农民的地权认识不断增强，对土地投资的长期预期和土地增值收益越来越强。在实证研究中，Alchian 等（1972）最早提出地权稳定会对投资产生影响。Li等（1998）利用河北省的农户微观数据，发现农户土地承包期越长，越能够激励其使用农家肥。Brandt 等（2002）认为土地调整频率与有机肥投入量密切相关，农户有机肥投入量随农地调整次数增多而降低。黄季焜等（2012）发现农地确权提高了地权稳定性，会激发农户的土地长期投资意愿，有机肥施用概率也会提高。多数学者认为地权不稳定会削弱农户的投资积极性和降低要素配置效率，进而减少对土地的长期投入，不利于土地质量的提升（Besley，1995；Jacoby et al., 2002；俞海等，2003；洪炜杰等，2018）。姚洋（1998）认为地权不稳定会导致农户对土地缺乏安全感，对有机肥施用的积极性随之下降。然而，许庆等（2005）则认为地权稳定可能只影响农家肥等少数几种与特定地块相连的投资，而且实际影响可能并不显著。钟甫宁等（2016）认为当农户的土地经营面积小、地块分散时，地权稳定对其投资的影响会很小。

此外，中国农村土地细碎化较为严重，农户土地经营规模扩大主要依赖于农地流转，即土地经营权在不同农户之间的流转（Deininger et al., 2014）。农户自有土地和转入土地的不同权利属性代表着地权稳定性的差异，不同转入地因转入年限的不同亦存在地权稳定性的差异。郜亮亮等（2011）对比了农户在转入地和自家地上的投资差异，发现农户在转入地上的有机肥施用概率和施用量要比在自家地上的少，但随着转入地的地权稳定性提高，这种投资差异在缩小，地权稳定对有机肥施用具有促进作用。高瑛等（2017）表明土地经营规模对农户施用有机肥的影响并不显著，但是对农户采纳测土配方施肥技术具有正向影响。Wang 等（2018）基于前景理论对陕西苹果种植户的研究发现，土地经营规模是影响农户有机肥替代化肥施用的关键因素，土地经营规模越大，农户有机肥的施用量会越多。也有学者认为，扩大土地经营规模并不利于农户施用有机肥（Ajewole，2010；韩枫，2016）。农户风险偏好、家庭劳动力和资金补贴也是影响农户是否施用有机肥的重要因素（Sri et al.，1987；Babcok，1992；Maggio，2008；Aimin，2010；杨泳冰等，2012；Bowman et al.，2013；Stuart et al.，2014；Wang et al.，2018）。

以往研究为本部分提供了很好的研究借鉴，但却没有进一步讨论地权稳定产生作用的依存条件。许庆等（2005）认为地权稳定与农户长期投资之间的关系十分复杂，不能简单地直接分析地权稳定对农户有机肥施用的影响。此外，鲜有研究同时将农户种粮目的（外销还是自食）和土地经营规模同时纳入地权稳定对有机肥施用影响的研究，容易形成有偏估计。一方面，追求农业短期或长期收益是农户进行农业生产的根本动力，产量预期和市场价格波动会影响农户的农业生产经营行为。施用化肥能确保产量稳定，短期收益比较稳定，也是农户规避风险和农业生产不确定性的重要方式。施用有机肥能提升土壤质量和改善农产品品质，农户可以获取较好的农产品价格和农业收益。在农业政策由增产导向转向提质导向的新形势下，遵循消费决定生产的市场经济规律，农产品优质优价的实现途径将会不断增多。另一方面，不同土地经营规模农户的资源禀赋和行为方式不一样，对种粮目的的偏好也会存在差异。小农户拥有的农地承包权期限较长，但经营规模小导致农业收益低，很难刺激农户进行农业生产投资（钟甫宁等，2009）。规模较大农户的土地以转入地为主，地权期限以土地转入年限为准，拥有较长土地转入年限的规模户可能更倾向于长期投资，并且规模户抵抗风险的能力相对较强，对追求农业长期收益最大的偏好也会更强。

地权稳定性提高可能有利于降低长期投资的未来损失风险，进而促进农户有机肥施用，而农户种粮目的和经营规模则会形成或放松某些约束条件，影响着地权稳定对农户有机肥施用的影响。本部分利用浙江大学首次公开的2017年中国家庭大数据，对这一研究假说进行理论梳理与实证检验，以期更为全面地考察种粮目的和经营规模差异下的地权稳定对农户有机肥施用的作用机制及其影响，深化相关研究，并为解决现实问题提供参考。

第二节　分析框架和研究假说

以西奥多·舒尔茨为代表提出的利润最大化理论认为，农户的行为选择是理性的，即在自身资源禀赋、可供选择的选择集和约束条件下，农户会选择能够实现利润或效应最大化的农业生产经营方式。在市场优质优价的实现途径不断增多和消费者追求农产品品质的市场环境下，农户施肥结构正以有机肥替代化肥的形式发生转变，农业的投入产出效益也正发生变化。

根据产权理论，土地产权决定了未来多期的土地收益分配（钟甫宁等，2009）。地权稳定可以起到一种保证效应，保障投资收益不会被他人占有和侵犯，从而激励投资者对农地进行投资（Jacoby et al.，2002；Goldstein et al.，2008），否则，如果农户的现期投资只能在未来获取部分收益，将会损害农户的投资信心。姚洋（1998）认为地权不稳定会导致农户对土地缺乏安全感，有机肥施用的积极性亦随之下降。Deininger 等（2006）揭示了农户对于农地经营权预期的差异将直接影响有机肥施用。黄季焜（2012）和郗亮亮等（2013）认为稳定、明晰且期限较长的地权会促进农户采用培肥土壤的农业技术。Xu 等（2014）证实了土地政策的稳定性对农户有机肥施用具有正向影响。土地转入年限的长短会影响农户的长期投资和农业生产经营方式，转入年限越长，农户越有望在未来获得农业长期投入带来的收益。因此，本部分提出假说1：

H1：农地转入年限越长，地权稳定性越强，农户越有可能施用有机肥。

在利润最大化理论基础上，詹姆斯·斯科特将风险和不确定性引入农户行为分析。农户在农业生产决策时不仅仅考虑利润最大化，也考虑风险最小化。在降低风险成本与收益的权衡过程中，厌恶风险的农户更倾向于做出低风险的决策（刘莹等，2010）。当前，我国大部分农户都是厌恶风险的（米建伟等，2012）。地权稳定与否会影响农户的投资预期，而不同农业经营目的农户的收益风险偏好存在差异。化肥施用能确保产量稳定，农户种粮收益会有保障，也是其重要的风险规避手段。有机肥施用则能提升土壤肥力和改善农产品品质（沈中泉等，1995；王允圃等，2011），长期来说会提高农业收益，但在当前阶段往往意味着收入会减少，不利于风险规避型农户施用有机肥。当施用有机肥带来的利润大于施用化肥时的利润时，农户施用有机肥的积极性增加，在农产品价格上升空间有限且农产品市场无法有效实现优质优价的大环境下，产量追求而非品质追求会成为农户农业生产的最优选择，这势必会不利于农户施用有机肥。因此，本部分提出假说2：

H2：农户种粮外销会降低地权稳定对农户有机肥施用的正向促进作用。

农户是有机肥施用的直接主体，其施用行为直接影响农产品的品质和农业生态环境。不同土地经营规模农户的生产经营方式和适应市场环境的能力不同，对短期或长期收益最大的偏好也会不同。徐志刚等（2018）发现较长地权期限对规模农户实施秸秆还田的意义较大，但是对小农户而言则更需要借助补贴等激励政策手段。小农户的农地承包权期限长，但土地经营规模小、农业收益低，因此刺激其进行农业生产投资的难度较大。土地经营规模大的农户其土地多以转入为主，经营期限一般以转入年限为准，因此土地转入年限长的规模户可能更倾向于对土地进行长期投资。此外，政策措施也在不断完善农产品的优质优价实现途径，农户对农产品的优质优价预期也在增强。并且，土地经营规模户由于存在生产的规模经济效应，资源禀赋丰富且时间偏好程度低，对未来的收益会较为敏感（徐志刚等，2018），他们根据市场对优质农产品的需求来开展农业生产的动机会更强。因此，本部分提出假说3：

H3：扩大土地经营规模会增强地权稳定对农户有机肥施用的正向促进作用。

本章分析框架见图6-1。

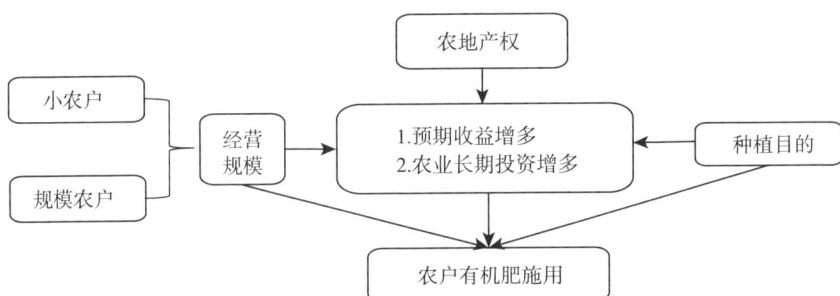

图 6-1 分析框架

第三节 模型构建

考虑到农户是否施用有机肥属于二元选择变量，因而本部分采用二元 Logit 模型来估计地权稳定对农户施用有机肥的影响。具体模型构造如下：

$$Logit(p) = \ln\left(\frac{p}{1-p}\right) = \alpha_0 + \alpha_1 time + \beta X + \varepsilon \qquad (6-1)$$

式中，p 为农户选择施用有机肥的概率；$time$ 为转入土地的年限；X 为控制变量，包括户主及家庭特征（性别、年龄、受教育程度、身体健康状况，是否干部户等），家庭生活保障情况（是否有养老保险、是否有医疗保险等）；农地流转特征（转入面积、转入年限、是否遇到过土地流转纠纷等）以及农业生产情况（种粮目的、是否接受农技指导等）；ε 表示随机扰动项。本部分主要通过估计系数 α_1 的显著性和影响方向来考察地权稳定对农户有机肥施用的影响。

为了进一步考察地权稳定对农户有机肥施用的影响在农户不同种粮目的和土地经营规模上的差异，借鉴钟甫宁等（2016）的思路，在式（6-1）的基础上增加土地经营规模、种粮目的和转入年限的交互项，并通过判断交互项的显著性来考察不同土地经营规模和种粮目的下地权稳定对农户施用有机肥的影响，模型如下：

$$Logit(p) = \ln\left(\frac{p}{1-p}\right) = \delta_0 + \delta_1 time + \delta_2 sale \times time + \beta X + \varepsilon$$

$$(6-2)$$

$$Logit(p) = \ln\left(\frac{p}{1-p}\right) = \theta_0 + \theta_1 time + \theta_2 area \times time + \beta X + \varepsilon$$

$$(6-3)$$

式中，*sale* 和 *area* 分别表示农户的经营规模和种粮目的，本部分重点考察系数 θ_2 和 δ_2 的显著性和影响方向来考察地权稳定对农户有机肥施用的影响在不同土地经营规模和种粮目的上的影响差异。

第四节　数据来源与描述性统计

一、数据来源

本部分数据来源于浙江大学首次公开的 2017 年中国家庭大数据，数据包含了 2011 年、2013 年、2015 年、2017 年间的 4 轮中国农村家庭调查数据（China Rural Household Panel Survey），其中 2011 年、2013 年、2015 年和 2017 年调研农村家庭户数依次为 5 120 户、16 511 户、22 535 户和 24 764 户。调查内容涉及中国农村家庭比较完整的信息，包括家庭的基本结构、就业、收支、财富、农业生产经营、土地利用与流转、人口迁移与市民化、金融行为、社会保障、教育等各个方面。

需要说明的是：第一，考虑到农户是否施用有机肥数据仅在 2017 年问卷中涉及，因此，本部分采用 2017 年的数据进行实证分析。第二，在数据处理中，我们对户主个人特征、个人生活保障、农户家庭特征以及土地特征等数据变量缺失或者记录为"不知道"的样本进行了删除。第三，调研样本中，有部分家庭虽然户籍在农村，但实际并没有从事农业生产经营活动，我们对这部分样本也进行了剔除。通过整理，本部分共获得了 21 267 户有效样本。

二、描述性统计

由表 6-1 可知，样本地区约 54% 的农户施用有机肥，平均土地转入年限约 2.6 年，转入面积约 2.8 亩，侧面说明全国农地流转面积以小规模为主，流转方式主要以农户私下协商为主（包括代亲朋好友耕种）。约有一半左右农户的农产品会进行出售（以原材料或加工品形式出售），农产品的市场化生产经营正逐步形成。在农业生产过程中，农户获得农业技术指导的概率较低，样本地区仅有 12.5% 的农户曾经获得过农业技术指导，不利于有机肥的使用推广。农户受教育程度较低，身体健康状况一般，大多数农户参加了新型农村社会医疗保险和社会养老保险。

表 6-1　相关变量的描述性统计结果

指标	名称	定　义	均值	标准差
被解释变量	是否施用有机肥	1＝是；0＝否	0.538	0.498
核心解释变量	转入年限	年	2.613	2.893
	转入面积	亩	2.807	16.918
	是否发生土地纠纷	1＝是；0＝否	0.008	0.092
户主及家庭特征	性别	1＝男；0＝女	0.517	0.499
	年龄	调研年份减去户主出生年份（岁）	47.166	15.595
	受教育程度	1＝没上过学；2＝小学；3＝初中；4＝高中；5＝中专/职高；6＝大专/高职；7＝大学本科；8＝硕士研究生；9＝博士研究生	2.736	1.357
	身体健康状况	1＝非常好；2＝好；3＝一般；4＝不好；5＝非常不好	2.737	1.084
	是否干部户	1＝是；0＝否	0.073	0.260
家庭生活保障情况	是否有养老保险	是否有参加社会养老保险？1＝是；0＝否	0.620	0.485
	是否有医疗保险	是否有社会医疗保险？1＝是；0＝否	0.890	0.313
农业生产情况	种粮目的	农产品是否出售？1＝出售；0＝否	0.529	0.500
	是否获得农技指导	1＝是；0＝否	0.125	0.331
样本量			21 267	

　　数据来源：作者整理。

第五节　实证结果分析

　　本部分使用 Stata 13.0 软件对其进行计量估计，模型（1）、（2）和（3）的平均 VIF 值分别为 1.16、1.4 和 1.23，表明模型并不存在多重共线性问题。三个模型的 Wald 值在 1% 的水平下显著，说明模型整体估计结果较好，具有较强的解释能力。Breusch-Pagan 在 1% 的水平下均拒绝同方差的假定，表明模型存在异方差问题，为获得一致的估计量，回归采用 robust 稳健型估计。

　　表 6-2 给出了地权稳定对农户施用有机肥影响的基准模型回归结果。土地转入年限对农户有机肥施用的影响在 1% 的水平下显著为正，即转入年

限越长，转入户施用有机肥的概率越大，农户的转入土地年限每增加 1 个单位，有机肥施用概率会提高 0.7%，假说 1 得到验证。随着城乡居民消费结构日益升级和农业供给侧结构性改革的深入推进，消费者对优质农产品的需求将不断增多。当前，农业政策也从增产导向转向提质导向。为追求长期收益最大，农户的农业生产会逐步从产量追求转向品质追求，以更大程度地满足消费者对品质的追求。土地转入期限的长短会影响农户的长期投资和对土地的经营管理，转入期限越长，农户越有望在未来获得农业长期投入带来的收益，施用有机肥的概率会提高。转入面积对农户施用有机肥的影响在 10% 的水平下显著为负，即转入面积越大，农户施用有机肥的概率越低。种粮目的对农户有机肥施用的影响在 1% 的水平下显著为负，当农户种粮目的以市场销售为主时，农户更多的会施用化肥来确保产量稳定，从而降低有机肥施用。农业技术指导对农户有机肥施用的影响在 1% 的水平下显著为正，农业技术培训是提高农户科学施肥和采纳环境友好型农业生产方式的重要手段，对促进农户施用有机肥具有积极作用。

表 6-2 地权稳定对农户施用有机肥的影响

变量	是否施用有机肥		边际效应	
	系数	标准误	系数	标准误
性别	−0.038	0.051	−0.009	0.123
年龄	0.001	0.002	0.000 1	0.001
受教育程度	0.094***	0.023	0.022***	0.005
身体健康状况	−0.049**	0.025	−0.012**	0.006
是否干部户	0.433***	0.099	0.102***	0.023
转入年限	0.028***	0.009	0.007***	0.002
转入面积	−0.002*	0.001	−0.000 3*	0.000 2
是否有养老保险	0.151***	0.058	0.035***	0.014
是否有医疗保险	0.004	0.083	0.001	0.019
种粮目的	−0.694***	0.052	−0.163***	0.012
是否发生土地纠纷	−0.229	0.222	−0.054	0.052
是否获得农技指导	0.741***	0.077	0.174***	0.107
常数项	0.084	0.168		
Wald chi2	361.63***			
Mean VIF	1.16			

注：*、**、***分别表示在 10%、5% 和 1% 的水平下显著。

户主受教育程度对农户施用有机肥的影响在1％的水平下显著为正，说明受教育程度越高，农户施用有机肥的概率越大。教育能提升人力资本，能加强农户对农产品市场需求的反应，随着受教育程度不断提高和市场对优质农产品需求不断增多，农户可能会更加注重提升农产品的品质，以追求长期收益最大。家庭有村干部对农户施用有机肥的影响在1％的水平下显著为正，村干部作为农村推进有机肥替代化肥的主要力量，率先施用有机肥能起到示范作用，有利于促进村内其他农户施用有机肥。农户身体健康状况越差，越不利于其施用有机肥，特别是当农户体力下降时，为规避风险和稳定农业收益，选择施用化肥来确保产量稳定的动机会更强。农户参加社会养老保险能促进其施用有机肥，在农业收入占家庭总收入比重不断下降的过程中，社会养老保险能稳定农户预期和增加农户抵抗农业风险的能力，在国家大力推动质量兴农的环境下，农户施用有机肥来提高农产品品质的动机会增强。

地权稳定对农户施用有机肥的影响会因农户种粮目的差异而产生不同的影响。从表6-3可知，种粮目的和转入年限交叉项的系数显著为负，即农户种粮外销会降低土地转入年限对农户有机肥施用的正向促进作用，假说2得到验证。种粮目的对农户有机肥施用的影响在1％的水平下显著为负，当农户农业生产的目的以市场销售为主时，有机肥施用的概率会明显降低。国家大力推动农地经营权流转，土地规模经营趋势不可避免。农户作为理性经济人，农业生产的最终目标是追求农业收益最大，当面临风险和不确定性时，其生产决策往往具有"短视性"。化肥施用能确保产量稳定，也是农户重要的风险规避手段，特别是对于较小规模的土地转入户，产量稳定则能确保收益基本稳定。有机肥施用能提升土壤质量和改善农产品品质，当市场能够实现农产品优质优价时，追求农产品品质就会成为农户农业生产的优先选择，最终实现优价，获取农业最大收益。然而，农产品优质优价在我国大多数地区并不能充分实现，特别是大量远离城市的农村，农产品运输距离较远、消费量和消费范围受限，优质农产品实现优价的困难较大。因此，当农户种粮目的是市场销售时，短期收益最大就成为其理想选择，进而带动化肥施用增加，也会降低土地转入年限对农户有机肥施用的正向促进作用。

表 6－3　种粮目的和地权稳定对农户有机肥施用的影响

变量	是否施用有机肥		边际效应	
	系数	标准误	系数	标准误
性别	−0.038	0.051	−0.009	0.012
年龄	0.001	0.002	0.000 2	0.001
受教育程度	0.093***	0.023	0.022***	0.005
身体健康状况	−0.048*	0.025	−0.012*	0.006
是否干部户	0.432***	0.100	0.102***	0.023
转入年限	0.046***	0.012	0.011***	0.003
种粮目的	−0.600***	0.070	−0.141***	0.016
种粮目的×转入年限	−0.036**	0.018	−0.008**	0.004
转入面积	−0.001*	0.001	−0.000 3*	0.000 2
是否有养老保险	0.154***	0.058	0.036***	0.014
是否有医疗保险	0.002	0.083	0.001	0.020
是否发生土地纠纷	−0.235	0.223	−0.055	0.052
是否获得农技指导	0.739***	0.076	0.174***	0.017
常数项	0.036	0.17		
Wald chi2	361.63***			
Mean VIF	1.4			

注：*、**、*** 分别表示在 10%、5% 和 1% 的水平下显著。

地权稳定对农户施用有机肥的影响会因农户土地经营规模的差异而产生不同影响。不同土地经营规模农户的资源禀赋差异会导致农户的农业生产经营方式存在差异，大规模农户的资金实力和抵抗风险的能力较强，他们的时间偏好程度和贴现率低（徐志刚等，2018），对长期或短期收益最大的偏好会不同。由表 6－4 可知，土地经营规模和转入年限的交叉项系数显著为正，说明扩大土地经营规模会增强转入年限对农户有机肥施用的正向促进作用，这一结论也和 Foster 等（2010）的结论一致，假说 3 得到验证。农地流转带来土地经营规模扩大，地块连片经营程度增加，农业生产要素投入的边际成本下降，土地规模经济逐渐显现，有机肥施用才具有经济合理性。并且，土地经营规模更大的农户往往具有较强的信息接收能力。在国家质量兴农的新形势下，遵循需求决定供给的市场经济规律，土地规模经营户对市场需求的反应更为敏感，为追求长期收益最大，施用有机肥的积极性也会提高。

表 6 - 4　经营规模和地权稳定对农户有机肥施用的影响

变量	是否施用有机肥		边际效应	
	系数	标准误	系数	标准误
性别	−0.037	0.051	−0.009	0.012
年龄	0.001	0.002	0.000 2	0.001
受教育程度	0.094 ***	0.023	0.022 ***	0.005
身体健康状况	−0.047 *	0.025	−0.011 *	0.006
是否干部户	0.43 ***	0.099	0.101 ***	0.023
转入年限	0.02 **	0.009	0.005 *	0.002
转入年限×经营规模	0.001 ***	0.000 2	0.000 1 **	0.000 1
转入面积	−0.003 ***	0.001	−0.001 ***	0.000 2
是否有养老保险	0.151 *	0.058	0.035 ***	0.014
是否有医疗保险	0.004 *	0.083	0.001	0.020
种粮目的	−0.712 *	0.052	−0.167 ***	0.012
是否发生土地纠纷	−0.231	0.222	−0.054	0.05
是否获得农技指导	0.732 *	0.077	0.172 ***	0.018
常数项	0.083	0.168		
Wald chi2	363.63 ***			
Mean VIF	1.23			

注：＊、＊＊、＊＊＊分别表示在 10％、5％和 1％的水平下显著。

第六节　本章小结

农户是农业生产经营活动的主体，其农业生产经营行为直接影响到农业的生态环境和农产品品质（Wu et al.，2011）。在人们对优美生态环境和优质农产品需求增多的背景下，本部分利用浙江大学 2017 年中国家庭大数据的农户微观数据，采用计量经济学模型，定量研究了地权稳定对农户施用有机肥的影响效果及其依存条件，得出以下结论：第一，地权稳定能激励农户促进有机肥施用，但其作用效果会受到农户种粮目的和经营规模的影响。第二，现阶段农户种粮外销并不利于农户施用有机肥，反而会降低地权稳定对农户有机肥施用的正向影响，土地经营规模的扩大则会增强地权稳定对农户有机肥施用的正向作用。

在国家大力实施乡村振兴战略的重要机遇期，农户的地权认知不断增强，对土地的长期收益预期越来越强。在推进农户有机肥施用过程中，土地规模经营户是重要的"突破口"，未来也必将会是推动有机肥施用的主要力量。在目前的农地经营权流转市场上，农户似乎更倾向于选择时间灵活的农地流转契约形式（徐志刚等，2018），针对此种现象，政府部门应采取相关措施来提升土地规模经营户的地权稳定性，比如健全农地流转合同管理制度，降低农地流转风险；完善农村社会保障体系，增强农户的风险防御能力，提高农户土地转入的积极性，进而扩大土地经营规模。此外，政府还应大力宣传有机肥施用对改善土壤质量和农产品品质的正面作用，并加强农户有机肥施用培训和国家质量兴农等农业政策的宣传力度，引导并提高土地规模经营户施用有机肥的积极性，发挥土地经营规模户的示范带动作用。

但是，仅靠地权稳定这一策略来促进农户有机肥施用，其激励效果将是有限的。在我国偏离城市较远的广大农村地区，农户农地承包权期限较长但有机肥施用较低，其原因主要是受农产品市场的优质优价渠道不顺畅、销售范围有限影响，导致农产品特别是地方特色农产品并不能卖出好的价格，农业收益普遍较低，农户有机肥施用的积极性亦随之下降。因此，政府部门应该不断完善农产品的优质优价实现途径和渠道，采取措施扩大地方特色农产品的销售市场，让市场消费引导农户生产，市场需求真正决定市场供给，让农民生产出来的优质农产品可以获取好的价格，从而增加收益和提高农户施用有机肥的积极性。

第七章 农户秸秆还田行为研究
——产后环节

第一节 问题的提出

　　农作物秸秆还田既需要政府的政策推动，更需要农户的积极参与。农户的环境认知能力提高并主动接受某项环境政策是降低执行成本和防止道德风险的有效途径。以往研究多从农作物秸秆还田的成本收益方面展开分析，忽视了农户的环境认知对秸秆资源化处理的正向作用。对农户环境认知和秸秆还田意愿的关系研究还不够充分。农户如果认为农作物秸秆还田有利于地力提升，或者主观上认为秸秆还田的预期收益将会增大，如果辅以相关的配套支持或补贴，农户越有可能实施秸秆还田。在农业规模化经营进程加快和农户不断分化的背景下，一方面，规模户将会是推动农作物秸秆还田的主要力量，其示范作用也会越来越明显；另一方面，规模户注重农业生产的可持续性和长期收益，焚烧秸秆的机会成本会更高，将更加倾向于采取农作物秸秆还田。此外，秸秆还田技术属于典型的跨期农业技术，当期还田但收益发生在未来多期，农户在决策时需考虑预期收益，并会将其折现成当前收益，并与当期成本进行对比。不同土地经营规模的农户在土地、资本等禀赋上具有差异，会导致农户的时间偏好和受益不确定性存在较大差异，从而对是否实施秸秆还田表现出明显的差异。

　　因此，本章在生态环境约束趋紧和人们对优质农产品需求增多的背景下，基于农户的环境认知能力逐步提高，将农户的资源禀赋、环境认知和秸秆还田意愿纳入一个分析框架，运用有序 Logit 模型，科学评估现阶段不同土地经营规模农户的环境认知对秸秆还田意愿的影响效果，更为全面地考察不同农户的环境认知对秸秆还田的影响差异，深化拓展相关研究，并为解决现实问题提供决策参考。

第二节　模型构建

秸秆还田属于典型的跨期农业技术，当期还田但收益发生在未来多期，且具有作用周期长、见效慢且不确定性较大的特点。因此，本部分根据舒尔茨（2006）提出的"理性小农"理论，假设农户在给定的资源约束下，是否进行秸秆还田是其基于追求利润最大化的目标，对成本收益进行动态比较的结果。借鉴 Atanu（1994）、Gedikoglu（2010）和刘乐等（2017）的分析框架，农户是否愿意秸秆还田呈现出以下的动态优化模型：

$$\max_{x \in (0,1)} \sum_{t=0}^{T} \beta^t \pi_t \qquad (7-1)$$

式中，β 为贴现率，$0 < \beta < 1$，x 为农户是否秸秆还田的行为决策，$x=0$ 表示农户不进行秸秆还田，此时获得的利润为 $\pi_t = \pi_M$；$x=1$ 表示进行秸秆还田，利润为 $\pi_t = \pi_N$。因此，可列出满足贝尔曼方程的值函数 $V(\pi_N)$。

$$V(\pi_N) = \max_{x \in (0,1)} \left\{ \frac{\pi_N}{1-\beta} - C, \pi_M + \beta \int_0^B v(\pi'_N) \mathrm{d}F(\pi'_N) \right\}$$

$$(7-2)$$

式中，C 代表农户进行秸秆还田的总成本。π_{NE} 为临界值，表示农户在进行秸秆还田后的一个长期均衡收益水平，即在此收益水平下农户进行秸秆还田与否两种决策时所对应的收益是相等的。因此，可以计算得出 π_{NE} 的值如下：

$$\pi_{NE} = (1-\beta) \left[C(c(L),L) + \pi_M + \beta \int_0^B v(\pi'_N) \mathrm{d}F(\pi'_N) \right]$$

$$(7-3)$$

此时，农民是否进行秸秆还田与否的决策可以表达为以下形式：

$$x = \begin{cases} 0 & if \quad \pi_N \leqslant \pi_{NE} \\ 1 & if \quad \pi_N > \pi_{NE} \end{cases} \qquad (7-4)$$

当秸秆还田所得利润 π_N 小于或等于临界值 π_{NE} 时，农户不会进行秸秆还田；如果所得利润大于临界值 π_{NE}，农户则会进行秸秆还田。

在具体模型选择上，由于农户秸秆还田意愿属于典型的离散型多元选择变量，难以用连续数值表示，且农户的环境认知变量大多数也不是连续值，如果采用 OLS 进行估计，则会把排序数据作为基数来处理，造成结果的有偏且不一致，需采用适合分析离散因变量的 Logit 或 Probit 模型。Probit 模型更强调标准正态分布；Logit 模型属于累积分布函数，不要求变量具有正态连续性。由于本部分所用数据离散型变量较多，使用 Logit 模型更为合适，此外如果使用简单的 Mlogit 估计方法，将会忽略数据的内在排序，也会造成估计结果的不一致。因此，本部分采用 Ologit 模型进行最优估计，模型形式如下：

$$P(y=j/x_i)=\frac{1}{1+\exp[-(\alpha+x_i\beta)]} \qquad (7-5)$$

式中，y 代表农户是否进行秸秆还田的行为选择，给各等级 y 赋值为 j；x_i 表示影响农户进行秸秆还田的第 i 个因素。因此，建立累积 Logit 模型，具体形式如下：

$$Logit(P_j)=\ln[P(y\leqslant j)/P(y\geqslant j+1)]-\alpha_j+x_i\beta \quad (7-6)$$

在得到回归参数 α_j 和 β 之后，某种特定选择下发生的概率就可以通过以下等式得到：

$$P(y\leqslant j/x)=\frac{\exp[-(\alpha_j+\beta x_i)]}{1+\exp[-(\alpha_j+\beta x_i)]} \qquad (7-7)$$

式中，P 为因变量，表示农户进行秸秆还田的概率；x_i 为自变量，用来表示影响农户秸秆还田的解释变量；i 表示选择的样本。

Ologit 模型的回归系数不能反映各自变量对因变量影响程度的真实大小，只能作为各自变量相互比较、排序的依据。各自变量对因变量的影响程度需通过定量计算得到，需通过对数模型，将其转换成弹性进行分析，即计算出各自变量对因变量的边际贡献。某个自变量对因变量的边际贡献是指在其他变量取均值时，该变量变动 1 个单位对因变量的影响，即通过发生比率（odds ratio）对各自变量的回归系数进行解释，公式如下：

$$odds(p)=\exp(a+\beta_1x_1+\beta_2x_2+\cdots+\beta_ix_i) \qquad (7-8)$$

第三节　数据来源、农户认知与描述性统计

一、数据来源

江苏省是我国的粮食大省和经济强省，自 2012 年开始，江苏省环境保护厅环境监测中心利用 EOS/MODIS 卫星遥感数据，对全省秸秆焚烧情况进行遥感监测。2012 年下半年，江苏省环境保护厅又成立了"秸秆禁烧巡察组"在全省进行现场监测。然而，无论是卫星监测还是现场监测，秸秆焚烧在江苏都普遍存在（周应恒等，2016）。江苏的农业规模化经营和农户分化趋势明显，农作物秸秆综合利用走在全国前列，也采取了比较严厉的秸秆焚烧治理措施和促进秸秆资源化利用的诸多政策，基于该区域样本的研究结论，对于全国推进农作物秸秆资源化利用和秸秆还田具有重要的参考价值。

据此，本部分所用数据来源于课题组 2016 年在江苏省内组织的"农业机械化与秸秆综合利用政策研究"调查。江苏省不同区域的经济发展、地形地貌特征存在差距，在综合考虑各地的农业发展基础水平下，根据分层随机抽样方法，选取江苏省常州市、徐州市、盐城市、扬州市和泰州市作为样本地区，然后根据随机抽样方法，在每市随机选取 1 个县，每县随机选取 3 个镇，每镇再随机选取 2 个村。针对本部分的研究重点，问卷包含以下几个方面：①农户家庭的一般特征，如户主年龄及其受教育情况、家庭劳动力人数、家庭老人及小孩数、家庭成员就业情况等；②农地基本情况，如地块产权情况、地块面积、地块质量、农地流转等；③农业生产不同环节的要素投入情况等，如还田地块和不还田地块在播种、打药等环节的要素投入情况；④农户的认知情况，如农户对秸秆禁烧政策和秸秆还田政策的认知和秸秆还田对改善农业环境的认知以及农户秸秆还田的意愿等情况。为保证问卷质量，正式调研之前，先对调研员进行多次集中培训，对调查问卷涉及的相关内容进行详细解释，正式调查采取调查员和农户面对面交流，由调查员代为填写问卷的形式进行，以此避免农户自行填写问卷或农户对问卷理解差异带来的偏误。调查结束后对调查问卷进行自查、互查及集中检验，共获取有效问卷 366 份。

二、不同土地经营规模农户的秸秆还田认知

秸秆还田能改善土壤质量，但这种作用需要等到秸秆腐熟后才能发挥，导致不同规模农户的评价并不一致（王如芳等，2011）。本部分使用李克特（Likert）量表对农户秸秆还田的认知进行度量，并由低到高设置为"强烈反对""比较反对""不知道""比较同意""强烈同意"五级。由于农户的资源禀赋和各地自然条件差异，农业规模经营水平存在差异。为定量比较不同土地经营规模农户的秸秆还田意愿是否存在差异，本部分将户均耕地规模大于当地镇平均土地经营规模的农户定义为规模户，若低于该平均水平，则定义为传统农户。样本地区规模户占比为 22.68%，传统农户为 77.32%，以传统农户为主。

由图 7 - 1 可知，强烈同意秸秆还田的农户数占比达到 32%，明显高于选择比较同意的样本农户数。规模户强烈同意的农户数是比较同意农户数的约 3.18 倍，传统农户强烈同意的农户数是比较同意农户数的约 1.63 倍。强烈同意和比较同意秸秆还田的农户数占比为 50%，样本地区仍有一半农户的秸秆还田意愿比较低。还有部分农户对秸秆还田持无所谓的态度，并不关心秸秆还田的利与害，这种现象在传统农户中更为明显。该结论也和周应恒等（2016）相同，即农户土地经营规模越小，对秸秆处理越不重视。

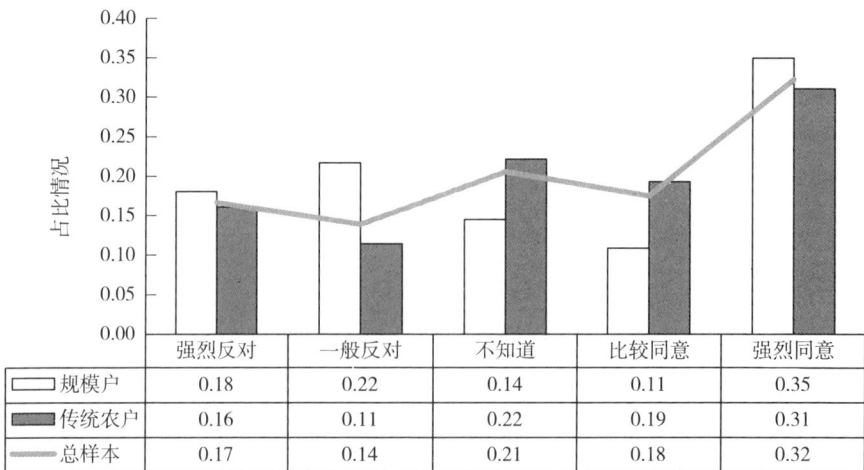

	强烈反对	一般反对	不知道	比较同意	强烈同意
规模户	0.18	0.22	0.14	0.11	0.35
传统农户	0.16	0.11	0.22	0.19	0.31
总样本	0.17	0.14	0.21	0.18	0.32

图 7 - 1　不同规模农户秸秆还田意愿比较

从不同规模农户对秸秆禁烧和还田补贴政策的认知来看（表7-1），在没有秸秆禁烧政策时，传统农户会更倾向于选择继续烧秸秆，签订秸秆禁烧责任书的占比也更低，更加不会关注村里是否有摄像监控焚烧等。在没有还田补贴时，规模户更有动力进行还田，且对秸秆还田和补贴能否抵消秸秆还田的成本有更加清晰的认识。相比于传统农户，规模户由于秸秆产量多，焚烧的机会成本更高，一旦焚烧被发现，处罚会更严重。规模户主动了解秸秆禁烧政策和关心村里是否有监控设备的动机会增强，对秸秆还田补贴也会表现出更强的认知意愿。该结论也表明，在农业规模化经营进程加快和农户不断分化的背景下，土地规模经营户未来将会是推动农作物秸秆还田的主要力量，他们更加追求长期的农业收益，更加关注农业规模经营造成的负外部性，也会更有动力去治理这种负外部性。此外，在推进农业农村现代化过程中，规模户秸秆还田行为的示范作用也会越来越明显。

表7-1　不同规模农户对秸秆禁烧和还田补贴政策的认知

选　　项	定　义	规模户	传统农户
秸秆禁烧政策认知			
如果没有禁烧政策，您会烧秸秆吗？	1＝是；0＝否	0.627	0.632
是否签订了禁烧责任书？	1＝是；0＝否	0.627	0.511
是否知道村中有摄像头监控焚烧？	1＝是；0＝否	0.325	0.268
是否知道监控设备在禁烧期间使用？	1＝是；0＝否	0.301	0.261
秸秆还田补贴认知			
是否知道补贴能抵消还田多出的成本？	1＝是；0＝否	0.289	0.214
如果没有还田补贴，是否愿意还田？	1＝是；0＝否	0.687	0.557
如果没有禁烧压力，只有补贴你会还田吗？	1＝是；0＝否	0.446	0.454
样本量		83	283

注：作者根据调研数据整理计算得出。

三、描述性统计

是否进行秸秆还田受农户的资源禀赋、环境认知和村庄层面因素等的影响。表7-2给出了各变量的描述性统计结果。从农户自身特征来看，样本地区农业生产的老龄化现象较为严重，平均年龄约59岁。劳动力受教育程度较低，平均年限为 7.536 年。家庭平均人口约 4 人。家中有村干部的样本农户数仅为 15% 左右，村干部作为秸秆还田政策的推动者，家中有村干部会更加自觉地实施秸秆禁烧或采取秸秆还田措施，从而在村里更加有效地推动该项政策。家庭从事农活的程度和非农收入占比决定了农业劳动时间供给，非农收入占比越高，对农业的依赖一般会越弱，对农作物秸秆还田也越不重视。样本地区户均耕地规模为 4.178 公顷，平均地块面积为 1.831 公顷，平均地块数为 3.481 块，户均耕地面积越大，农作物秸秆产量越多，露天焚烧的机会成本就越高。从农户的环境认知情况来看，农户对秸秆还田影响土地肥力和土壤质量的认知较好，多数农户认为秸秆还田有利于培肥地力。然而，绝大多数农户并不知道秸秆还田有多少补贴。从村庄层面的特征来看，大多数村庄周围并没有秸秆加工企业，大约只有 1/5 的村庄安装了监测火点的摄像头。

表 7－2　变量定义及描述性统计

变　　量	定　　义	均值	标准差
秸秆还田意愿（*will*）	1＝强烈反对；2＝比较反对；3＝不知道；4＝比较同意；5＝强烈同意	3.344	1.462
年龄（*age*）	岁	59.074	10.053
受教育程度（*edu*）	年	7.536	7.415
家庭人口数（*labor*）	人	3.901	1.692
耕地面积（*area*）	公顷	4.178	10.618
平均地块面积（*plotsize*）	公顷	1.831	5.054
地块数（*plot*）	块	3.481	2.473
家中是否有村干部（*village*）	1＝是；0＝否	0.154	0.362
从事农活程度（*degree*）	1＝不务农；2＝农忙时务农；3＝边工作边务农；4＝只务农；5＝其他	3.700	0.928
非农收入占比（*ratio*）	%	0.467	0.398
本村地形（*terrain*）	1＝山区；2＝丘陵；3＝平原	2.912	0.284
您知道秸秆还田有多少补贴吗？（*subsidy*）	1＝是；0＝否	0.047	0.212
秸秆还田成本是不是重要因素？（*cost*）	1＝完全是；2＝比较是；3＝不知道；4＝比较不是；5＝完全不是	3.072	1.466
秸秆还田对土地肥力的影响（*fertility*）	1＝极好的；2＝比较好；3＝不知道；4＝比较坏；5＝极坏的	2.317	0.969

（续）

变　　量	定　　义	均值	标准差
秸秆还田对病虫害控制的影响（*pest*）	同上	3.459	0.998
秸秆还田对土壤质量的影响（*soil*）	同上	2.240	0.996
周围是否有秸秆加工企业？（*enterprise*）	1＝是；0＝否	0.110	0.314
是否安装了监测火点的摄像头？（*camera*）	1＝是；0＝否	0.201	0.401

注：作者根据调研数据整理计算得出。

第四节　实证结果分析

1. 农户秸秆还田意愿的影响研究

考虑到农户对秸秆还田意愿的"强烈反对"和"比较反对"很难清楚区分，本部分在实证处理过程中，采取将"强烈反对""比较反对"统一设置为"反对"，"强烈同意""比较同意"统一设置为"同意"。根据表 7-2 所列变量，运用有序 Logit 模型，使用 Stata13.1 得出如下结果（表 7-3）。

从农户的环境认知来看，秸秆还田对土地肥力、病虫害控制和土壤质量的影响均在 1% 的水平下显著为负，即当农户认为秸秆还田有利于提高土地肥力、病虫害控制和改善土壤质量时，农户秸秆还田的意愿越强。从边际效应回归结果来看，秸秆还田对土地肥力、病虫害控制和土壤质量的影响均在 1% 的水平显著为负。农户认为秸秆还田对土地肥力、病虫害控制和土壤质量的影响每上升 1 个等级，农户进行秸秆还田的概率分别增加 10.54%、11.3% 和 17.66%。农户秸秆还田的环境认知和秸秆还田意愿之间具有紧密的联系，农户的环境认知能力越强，越有利于提高其秸秆还田的意愿，秸秆资源化利用就会越强。农户既是参与主体也是直接受益者，只有尊重农民意愿，让农民自愿、主动地参与秸秆还田，才能最大限度地发挥秸秆还田的实际效果。

从家庭特征变量来看，家庭平均地块面积的影响在 5% 的水平下显著为正，即平均地块面积越大，地块的规模经济越明显，农户选择秸秆还田的意愿越强。控制平均地块面积之后，家庭总耕地面积越大，农户秸秆还田的概率越低，即地块数越多会降低农户秸秆还田的概率。平均地块面积提高 1 个单位，农户秸秆还田意愿会提高 0.11％。当前，农业机械普遍以大型机械为主，当地块面积较小时，机械无法有效运转或掉头，导致秸秆还田成本增加，农户秸秆还田的概率也会降低。在农业规模经营不断推进的过程中，应更加注重地块的规模扩大，以此实现地块规模经济。

从经济理性人的角度来看，农户是否选择秸秆还田是对成本收益比较后的理性选择。在控制农户个体和村级层面的变量时，农户认为秸秆还田的成本越高时，进行秸秆还田的概率会越低。农户对秸秆还田成本的认知对农户是否选择秸秆还田的影响在 10％ 的水平下显著为正，秸秆还田的成本认知提高 1 个等级，秸秆还田概率会提高 4.66％。劳动力年龄对农作物秸秆还田的影响在 10％ 的水平下显著为负，劳动力年龄越大，秸秆还田的概率越低。

家中有村干部对农户进行秸秆还田的影响为正但不显著。秸秆禁烧作为一项环境治理政策，村干部一定程度上起着示范带头和监督的作用，家中有村干部会提高农户的秸秆还田意愿。不显著的原因可能是家中有村干部的样本农户数较少，导致该变量变化差异较小。家庭从事农活的程度越高，对农业的依赖会越强，会更加关注秸秆禁烧政策，选择秸秆还田的概率会增大。此外，村里安装监测火点的摄像头也会提高农户秸秆还田的意愿。

表 7-3　农户秸秆还田意愿的有序 Logit 回归结果

变量名	Ologit	$\mathrm{d}y/\mathrm{d}x$		
		反对	无所谓	同意
cost	0.229 7 *	−0.039 3 *	−0.007 3 *	0.046 6 *
	(0.129)	(0.022)	(0.004)	(0.026)
fertility	−0.519 9 ***	0.088 9 ***	0.016 5 **	−0.105 4 ***
	(0.193)	(0.032)	(0.007)	(0.038)
pest	−0.557 0 ***	0.095 2 ***	0.017 7 ***	−0.113 0 ***
	(0.179)	(0.030)	(0.006)	(0.035)
soil	−0.870 7 ***	0.148 9 ***	0.027 7 ***	−0.176 6 ***
	(0.187)	(0.029)	(0.009)	(0.035)
age	−0.021 4 *	0.003 7 *	0.000 7 *	−0.004 3 *
	(0.012)	(0.002)	(0.000)	(0.002)
edu	0.027 6	−0.004 7	−0.000 9	0.005 6
	(0.019)	(0.003)	(0.001)	(0.004)

（续）

变量名	Ologit	dy/dx		
		反对	无所谓	同意
terrain	0.403 5	−0.069 0	−0.012 8	0.081 8
	(0.387)	(0.066)	(0.012)	(0.078)
area	−0.004 1**	0.000 7**	0.000 1**	−0.000 8**
	(0.002)	(0.000)	(0.000)	(0.000)
plotsize	0.005 7**	−0.001 0**	−0.000 2**	0.001 1**
	(0.003)	(0.000)	(0.000)	(0.001)
village	0.312 8	−0.053 5	−0.010 0	0.063 4
	(0.299)	(0.051)	(0.010)	(0.060)
degree	0.128 1	−0.021 9	−0.004 1	0.026 0
	(0.133)	(0.023)	(0.004)	(0.027)
ratio	0.375 3	−0.064 2	−0.011 9	0.076 1
	(0.310)	(0.053)	(0.010)	(0.062)
subsidy	−0.003 8	0.000 7	0.000 1	−0.000 8
	(0.478)	(0.082)	(0.015)	(0.097)
enterprise	0.197 3	−0.033 7	−0.006 3	0.040 0
	(0.369)	(0.063)	(0.012)	(0.075)
camera	0.214 2	−0.036 6	−0.006 8	0.043 4
	(0.279)	(0.048)	(0.009)	(0.056)

注：① *** 、 ** 、 * 分别表示在1%、5%和10%的水平下显著。

2. 不同土地经营规模农户秸秆还田意愿的影响分析

进一步，分析不同土地经营规模农户的环境认知对秸秆还田意愿的影响（表7-4）。从农户的环境认知来看，秸秆还田对土壤质量的影响在规模户和传统农户中均存在显著影响，秸秆还田越有利于提高土壤质量，农户对秸秆还田的意愿越强。秸秆还田对病虫害控制的影响在不同规模农户中同样都存在显著影响，符合预期，秸秆还田对病虫害控制的影响越好，农户的秸秆还田意愿越强。秸秆还田对土地肥力的影响在规模户中并不显著，而对传统户的影响显著。对秸秆还田成本的认知对规模户是否进行秸秆还田的影响显著，规模户由于种植面积较大，农作物秸秆产量较多，一次性秸秆还田的成本较高，露天焚烧的机会成本也更高。该结论也和 Huang 等（2008）的结

表 7 - 4 不同规模农户秸秆还田意愿的有序 Logit 回归结果

变量名	规模户				传统农户			
	Ologit	dy/dx			Ologit	dy/dx		
		反对	无所谓	同意		反对	无所谓	同意
cost	0.517 0*	-0.074 4*	-0.002 8	0.077 1*	0.156 9	-0.026 7	-0.006 5	0.033 2
	(0.310)	(0.042)	(0.005)	(0.044)	(0.150)	(0.026)	(0.006)	(0.032)
fertility	-0.652 1	0.093 8	0.003 5	-0.097 3	-0.457 0**	0.077 7**	0.018 9**	-0.096 6**
	(0.489)	(0.069)	(0.006)	(0.071)	(0.219)	(0.037)	(0.010)	(0.045)
pest	-1.489 4***	0.214 2***	0.008 0	-0.222 2***	-0.386 7**	0.065 8**	0.016 0**	-0.081 7**
	(0.551)	(0.073)	(0.012)	(0.069)	(0.194)	(0.033)	(0.008)	(0.040)
soil	-1.169 0**	0.168 1**	0.006 3	-0.174 4**	-0.829 2***	0.141 0***	0.034 3***	-0.175 3***
	(0.546)	(0.070)	(0.012)	(0.077)	(0.206)	(0.033)	(0.011)	(0.040)
age	-0.008 6	0.001 2	0.000 0	-0.001 3	-0.033 8**	0.005 7**	0.001 4**	-0.007 1**
	(0.037)	(0.005)	(0.000)	(0.006)	(0.014)	(0.002)	(0.001)	(0.003)
area	-0.005 9**	0.000 9**	0.000 0	-0.000 9**	-0.006 8	0.001 1	0.000 3	-0.001 4
	(0.003)	(0.000)	(0.000)	(0.000)	(0.007)	(0.001)	(0.000)	(0.001)
plotsize	0.007 9**	-0.001 1**	-0.000 0	0.001 2**	0.007 8	-0.001 3	-0.000 3	0.001 7
	(0.004)	(0.000)	(0.000)	(0.000)	(0.009)	(0.001)	(0.000)	(0.002)
样本量	83				283			

注：①****、***、* 分列表示在 1%、5% 和 10% 的水平下显著。②本表与表 7 - 3 具有相同的控制变量。由于表格太长，此处仅列出回归结果显著的变量。如需完整回归结果，可向作者索取。

论相近，即规模户通过使用清洁生产技术不仅容易获得规模经济效益、降低农业生产成本，他们不采纳的机会成本相对于传统户而言要大得多。相对于传统户，秸秆还田的成本是规模户考虑的重要因素，对秸秆还田成本的认知提高 1 个单位，规模户秸秆还田的意愿会上升 0.77%。平均地块面积和耕地面积对规模户秸秆还田意愿的影响均显著，样本地区规模户的平均地块面积为 6.0 公顷，平均地块面积越大，秸秆还田成本分摊后单位面积成本越少，地块的规模经济会越明显。控制平均地块面积时，耕地面积越大，农户秸秆还田的意愿会越低，即随着地块数增多，农户的秸秆还田意愿下降。劳动力年龄对传统户进行秸秆还田的影响显著为负，即随着年龄增大，农户体力会下降，传统户的秸秆还田意愿会降低。

第五节　本章小结

秸秆焚烧问题引起了社会的广泛关注，在人们对优美生态环境和优质农产品需求增多的背景下，本部分利用 2016 年江苏省的农户微观调查数据，采用有序 Logit 模型，定量研究了农户的资源禀赋和环境认知对农作物秸秆还田意愿的影响，得出以下结论：第一，土地经营规模越大的农户，其进行秸秆还田的意愿会更高。第二，农户秸秆还田的环境认知和秸秆还田意愿之间存在紧密的关系，农户的环境认知能力越强，越有利于其进行秸秆还田。秸秆还田不仅需要从技术层面上考虑，也需从农户的资源禀赋出发，了解农户的环境认知情况。第三，相比于农户耕地经营规模，平均地块面积也是影响农户秸秆还田意愿的重要因素，平均地块面积越大，农户选择秸秆还田的意愿越强。第四，秸秆还田成本是规模户考虑的重要因素。

一直以来，政策注重污染的防范与惩罚，忽视了农户的环境认知对促进秸秆还田的正向作用。我国正大力实施农业绿色发展"五大行动"，大力推动农作物秸秆还田等资源化利用，有研究表明政府在促进新技术的推广和使用中具有重要作用（Alan，2013）。政府部门应进一步加强环境友好型农业技术的相关培训，大力宣传秸秆还田对土地肥力、病虫害控制和土壤质量的正面积极作用，并适当引入微观激励政策，突出农户的环境认知对其秸秆还田的正向促进作用，增强农户对秸秆还田的环境认知，并通过激励相容的方式，促使农户真正地接受秸秆还田，成为农作物秸秆还田的直接受益者。

此外，中国农业农村现代化正稳步推进，规模户已成为我国现代农业发展的主力军，未来也将会是推动农作物秸秆还田的主要力量。在此过程中，政府及相关部门可以提供更多的相关优惠或激励措施，提高规模户进行秸秆还田的积极性，并充分发挥规模户在秸秆还田中的示范带动作用。同时，大力鼓励相邻地块的流转整合，扩大地块面积，降低单个地块的秸秆还田成本。不同规模农户的资源禀赋不一样，在推进秸秆还田进程中，也应注重其差异。

第八章 农户不同耕地利用行为选择研究——全产业链分析

耕地是实现"藏粮于地"的根基，也是保障国家粮食和生态安全、促进社会经济发展的重要物质条件（俞振宁等，2017；魏昊等，2020）。18亿亩耕地红线仅从耕地数量上规定了保证中国粮食安全的耕地面积，但忽视了耕地质量这一影响粮食供应能力的重要因素。由于经济发展和城镇化的快速推进，中国粮食主产区丧失了大量优质耕地，并且耕地的长期掠夺式开发利用也导致了土壤理化性状恶化、地力减退和污染等一系列问题（Lu et al.，2019a）。与发达国家相比，中国耕地地力偏低20~30个百分点[①]。《全国土壤污染状况调查公报》指出中国耕地污染点位超标率高达19.4%。耕地质量已成为制约中国农业可持续发展和粮食综合生产能力提升的关键因素（沈仁芳等，2012）。耕地休养具有改善土壤质量、提升农田生态环境以及减少耕地污染等功能（Mercks et al.，2009；Lu et al.，2019a），已成为众多国家（地区）提升地力和保护农田生态环境的重要手段（Hayashi et al.，2013；Daniel et al.，2014；Tan et al.，2014；俞振宁等，2017）。2015年农业部印发《耕地质量保护与提升行动方案》，并指出"鼓励引导生产者，特别是新型农业经营主体采取用地养地结合的措施，保护耕地质量"。党的十九大报告也提出"健全耕地休养生息制度"。耕地休养不仅要注重"休耕"，还要注重对耕地进行"养护"[②]，不同耕地养护措施存在不一样的替代或互补关系，如种植绿肥、施用农家肥和深松耕地等具有劳动（相对）密集型性质的措施；农作物秸秆还田和有机肥

---

① 数据来源：《耕地质量保护与提升行动方案》。

② 耕地"休耕"目前以政府主导为主且有政府补助，重点在地下水漏斗区、重金属污染区和生态严重退化地区，处于政策试点阶段，耕地"养护"主要靠农民自觉，补贴相对较少。

施用等具有资本（相对）密集型性质的措施。

第一节　效益预期对农户不同耕地休养行为选择的影响

一、问题的提出

耕地休养的成败关乎农作物产量、土壤改良、农产品品质乃至家庭生计。政府主导的耕地休养保护活动尽管能有效满足耕地质量提升的客观需要，但农户主动实施的耕地休养行为对提升耕地质量、降低道德风险、减少执行冲突和降低成本具有重要影响，直接决定了耕地保护的质量（Lu et al.，2019a）。不同耕地规模农户[①]的家庭资源禀赋、时间偏好和适应市场环境的情况不同，对不同耕地休养措施会表现出不同的决策行为和反应程度。近年来，受农业劳动力大量外流和农业政策结构调整（如农业政策逐步从增产转向提质），我国农业劳动力成本和土地等投入要素的价格不断上涨，种粮农户的利润空间不断被挤压，粮食生产时常出现"增产不增收"的现象，仅仅依靠粮食增产的收入已满足不了农户的日常生活和生产需求，极大地抑制了农户的种粮积极性。耕地质量保护可以提高农产品品质或者调节粮食产量，进而带动农产品市场价格上升，如有机肥施用能提高农产品品质（沈中泉等，1999），能迎合消费者和市场对优质农产品的需求，农户有可能获取较好的农产品价格和农业收益。深松耕地能增加肥料的溶解能力，提高肥料利用率，带来产量提高等。在农业政策由增产导向转向提质导向的新形势下，遵循消费决定生产的市场经济规律，农产品优质优价的实现渠道将会不断增多。随着城乡居民收入水平的提高和城乡居民消费结构日益升级，对优质农产品的需求也将不断增多，为追求农业长期收益最大，农户自发进行有机肥施用、秸秆还田和深松耕地等耕地休养行为的动机会增强。

农业生产是自然生产和社会再生产的有机结合，投入和产出时间不一致性，不同耕地休养措施都是当期投入，效益往往在未来几个月甚至1～2年

[①] 截至 2016 年末，我国家庭农场等不同新型农业经营主体竞相发展，总量达到 280 万个。不容忽视的是，经营规模在 50 亩以下的农户有近 2.6 亿户，经营的耕地面积占全国总耕地面积的 82% 左右，户均耕地 5 亩左右，小农长期并大量存在是我们的基本国情（数据来源于农业农村部网站）。

之后才能见效，农户耕地休养行为的正外部性无法在短期内得到补偿。行为经济学理论认为，在分析不确定性条件下的人类决策行为时，应当将人的心理预期因素纳入其中（Prokopy et al.，2008；Baumgart-Getz et al.，2012）。王晨等（2018）认为预期利润对中国大多数农作物播种面积具有显著的正向影响。追求农业收益最大是农户进行农业生产的根本动力，预期收益则是影响农户农业生产行为决策的重要因素。

二、模型构建

农户是耕地最直接的使用者和耕地质量提升的主要受益者，其耕地利用行为会对耕地质量产生关键影响。本部分根据舒尔茨（2006）提出的"理性小农"假设，假定农户在给定资源约束下，是否进行耕地休养活动是其基于追求利润最大化目标，对成本和收益进行动态比较的结果。耕地休养的效果发挥需要一定的时间周期，其收益也发生在未来多期。因此，借鉴 Atanu（1994）、Gedikoglu（2010）和刘乐等（2017）的分析框架，农户是否愿意进行耕地休养会呈现出以下的动态优化模型：

$$\max_{x \in (0,1)} \sum_{t=0}^{T} \delta^t \pi_t \qquad (8-1)$$

式中，δ 为贴现率（$0 < \delta < 1$），用来反映农户在当期成本和未来收益之间的时间偏好程度，δ 越大，未来收益折算成当期的价值就会越小。x 为农户是否愿意进行耕地休养的行为决策，$x=0$ 表示农户不进行耕地休养活动，并假设此时获得的利润为 $\pi_t = \pi_M$；$x=1$ 表示农户进行耕地休养活动，此时获得的预期利润为 $\pi_t = \pi_N$，为求解公式（8-1）的最优化问题，可列出满足贝尔曼方程的值函数 $V(\pi_N)$。

$$V(\pi_N) = \max_{x \in (0,1)} \left\{ \frac{\pi_N}{1-\delta} - C, \pi_M + \delta \int_0^\delta v(\pi'_N) \mathrm{d}F(\pi'_N) \right\}$$

$$(8-2)$$

式中，C 代表农户进行耕地休养所花费的总成本。π_{NE} 为临界值，表示农户在进行耕地休养活动后的一个均衡收益水平，即农户进行耕地休养与否两种决策所对应的收益是相等的。因此，计算可以得出 π_{NE} 的值如下：

$$\pi_{NE} = (1-\delta) \left[C(c(A), A) + \pi_M + \delta \int_0^\delta v(\pi'_N) \mathrm{d}F(\pi'_N) \right]$$

$$(8-3)$$

此时，农民对耕地休养行为的决策可以表达为以下形式：

$$x=\begin{cases} 0 & if \quad \pi_N \leqslant \pi_{NE} \\ 1 & if \quad \pi_N > \pi_{NE} \end{cases} \qquad (8-4)$$

当耕地休养所得利润 π_N 小于或等于临界值 π_{NE} 时，农户不会进行耕地休养；如果所得利润大于临界值 π_{NE}，农户则会进行耕地休养。预期利润是影响农户是否进行耕地休养活动的重要因素，农户若能对不同耕地休养措施形成一种稳定的利润预期，其采纳概率会增加。

进一步，我们将农户进行耕地休养所花费的总成本 C 定义为如下形式：

$$C=c(A)\times A \qquad (8-5)$$

式中，$c(A)$ 为耕地休养带来的单位成本，A 为家庭耕地规模，对式 (8-3) 进行推导可得：

$$\frac{\partial \pi_{NE}}{\partial A}=(1-\delta)\times\frac{\partial C(c,A)}{\partial A} \qquad (8-6)$$

由于 $0<\delta<1$，则 $\dfrac{\partial \pi_{NE}}{\partial A}$ 与 $\dfrac{\partial C(c,A)}{\partial A}$ 符号相同，如果 $\dfrac{\partial C(c,A)}{\partial A}$ 小于 0，即边际成本小于 0，则临界值 π_{NE} 随耕地规模增大而不断减小，意味着随着耕地规模不断扩大，农户进行耕地休养的可能性就会越高。然而，不同耕地规模农户的贴现率差异会导致农户预期利润的差异，进而在耕地休养行为上表现出差异。贴现率和家庭收入呈现负相关，即农户家庭收入越高，其贴现率越低 (Liebenehm et al.，2014)。与规模户相比，小农户收入普遍较低，对当期收益的边际效应较高，即小农户会拥有较高的贴现率，预期利润贴现到当期现值会降低，再减去耕地休养活动的当期成本，当期净现值会更低，农户采用耕地休养活动的概率也会降低。

根据理性小农假设，农户是农产品市场价格的被动接受者，农户进行耕地休养所带来的预期利润将主要取决于产量、农产品品质和成本。首先，如果耕地休养能带来产量提高，预期利润将会提高。其次，在农业政策由增产导向转向提质导向的新形势下，遵循消费决定生产的市场经济规律，农产品优质优价的实现途径将会不断增多，农产品品质提升意味着预期利润将会增多，农户耕地休养的概率也会提高。最后，如果预期利润贴现到当期仍低于耕地质量保护带来的成本增加，农户将不会进行耕地休养。

多元 Probit 模型是常用的离散选择模型，其假设前提是各备择选项之间相互独立，即服从 IIA（Idependence of Irrelevant Alternatives）假设。但是，在很多离散选择问题上，如在耕地休养行为选择中，由于一些不可观测因素，农户可能会同时选择秸秆还田或者有机肥施用等，这两种选择的模型误差项可能会相关，导致计量模型中的内生性和估计结果不准确。因此，本部分采用允许不同方程误差项之间存在相关性的 Mvprobit 模型（Greene，2008），分析预期效益对农户不同耕地休养方式选择的影响效果。

Mvprobit 模型包含多个二元解释变量，其具体形式如下：

$$Y_j^* = \beta_j X + \varepsilon_j \tag{8-7}$$

$$Y_j = \begin{cases} 1, & \text{如果 } Y_j^* > 0 \\ 0, & \text{其他} \end{cases} \tag{8-8}$$

式中，$j = 1$，2，3，4 分别表示农户选择秸秆还田、施用农家肥、施用有机肥和深松耕地等不同耕地休养行为。Y_j^* 是潜变量，Y_j 是观测变量，若 $Y_j^* > 0$，则 $Y_j = 1$，表示农户选择对应的耕地休养方式，X 是表示影响农户选择不同行为方式的各种因素，β_j 为各影响因素相对应的估计系数，ε_j 为随机扰动项，服从均值为 0、协方差为 Ω 的多元正态分布，协方差矩阵 Ω 如下：

$$\Omega = \begin{bmatrix} 1 & \delta_{21} & \delta_{31} & \delta_{41} \\ \delta_{12} & 1 & \delta_{32} & \delta_{42} \\ \delta_{13} & \delta_{23} & 1 & \delta_{43} \\ \delta_{14} & \delta_{24} & \delta_{34} & 1 \end{bmatrix} \tag{8-9}$$

式中，非对角线上的元素代表着 4 种不同耕地休养方式的 4 个二元选择方程随机扰动项之间无法观测的联系。若非对角线上的值为非零，说明各方程的随机扰动项之间存在关联，应采用 Mvprobit 模型进行分析；非对角线上的元素值显著且大于 0，说明农户不同耕地休养方式之间是互补关系；若该值显著且小于 0，说明是替代关系。

三、数据来源和描述性统计

本部分所用数据来源于课题组 2018 年在江苏省内组织的农户微观调查。江苏的区域经济发展和地貌特征等存在较大差异，在综合考虑各地农业基础发展水平基础上，选取江苏省南通市、盐城市、扬州市和泰州市作为样本部分地区，然后根据随机抽样方法，在每市随机选取 1 个县。确定样本县之后，按照人均收入水平，把样本县的所有镇（乡）分为高、中、低 3 组，并从每组中随机抽取 3 个村，每村随机抽取 8~10 户农户进行调研。针对本部分的研究重点，问卷包含以下几个方面：①农户家庭特征，如户主年龄及其受教育情况、家庭劳动力人数、家庭劳动时间分配、家庭成员就业情况等；②土地基本情况，如耕地面积、地块数、地块质量、农地流转情况等；③耕地质量保护情况，如耕地质量保护方式、耕地质量保护的效益预期、耕地质量保护的责任人和农户的政策认知等。为保证问卷质量，提高调查数据的真实性和有效性，课题组招募在校的硕博士研究生做调查员，正式调研之前先对调研员进行集中培训，对调查问卷的相关内容进行解释，正式调查采取调查员和农户面对面交流，由调查员代为填写问卷的形式进行，收集该农户的基本特征、土地特征、耕地质量保护意愿和行为等信息，避免农户自行填写问卷或农户对问卷理解误差带来的偏误。调查结束后对调查问卷进行自查、互查及集中检验，共获取有效问卷 270 份。

表 8-1 报告了农户耕地休养的意愿和行为的基本情况。样本地区约 87% 的农户愿意参与耕地休养活动，多数农户都选择了 2 种或者多种耕地休养措施，比如秸秆还田、深松耕地、施用农家肥和施用有机肥等。当前，政府部门正大力推广农作物秸秆还田，也投入了大量的人力物力来防止秸秆焚烧，样本地区选择秸秆还田的农户比例达到 90%。有机肥替代化肥也是耕地质量保护的方式之一，过量施用化肥导致耕地污染加重和农产品品质下降，为此，国家也先行在需肥量较多的果菜茶等园艺作物实行有机肥替代化肥行动，以减轻化肥过量施用对耕地地力的透支。施用农家肥和深松耕地是需较大劳动力投入的耕地休养措施，样本地区分别有 21% 和 20% 的农户选择此种方式。

表 8-1　农户耕地休养意愿和行为方式选择的比例

变量名	定义	全样本	不同类型农户				
			规模户	传统农户	t 检验	流转户	未流转户	t 检验
耕地保护意愿	0=否；1=愿意	0.87	0.87	0.87	0.00	0.86	0.87	0.01
施用农家肥	0=否；1=是	0.21	0.17	0.22	0.06	0.24	0.15	−0.10

（续）

变量名	定义	全样本	不同类型农户					
			规模户	传统农户	t检验	流转户	未流转户	t检验
秸秆还田	0＝否；1＝是	0.90	0.95	0.89	−0.06*	0.90	0.89	−0.01
施用有机肥	0＝否；1＝是	0.21	0.23	0.20	−0.03	0.22	0.17	−0.06
深松耕地	0＝否；1＝是	0.20	0.28	0.18	−0.10	0.23	0.15	−0.08*
样本量		270	60	210		176	94	

注：①作者根据调研数据整理计算得出；

②同一个农户会存在多选的情况，4 种不同耕地休养行为比例的加总不一定等于 1。

现阶段，中国农业规模化经营进程加快，农户之间的异质性突出。首先，为定量比较不同土地经营规模农户的耕地休养意愿和行为之间是否存在差异，本部分将户均耕地规模大于当地县平均经营规模的农户定义为规模户，若低于该平均水平，则为传统农户，样本地区规模户占比为 22.2%，传统农户占比为 77.8%。规模户施用有机肥和深松耕地的比例分别为 23% 和 28%，高于传统农户。传统农户施用农家肥的比例为 22%，高于规模农户。规模户和传统农户的 t 检验说明，不同规模农户的耕地休养意愿和行为并不存在显著差异，样本自选择带来的内生性问题并不严重。其次，流转户的耕地休养意愿略低于未流转户（包括农地转出户和未参与农地流转的承包户），原因是当前农地流转方式多以短期或非正式为主，农地流转户更多地倾向于追求产量稳定和农业生产经营风险最小，耕地质量保护意愿较低。但是，从耕地质量保护行为来看，流转户选择秸秆还田、施用有机肥和深松耕地的比例均高于未流转户，流转户秸秆焚烧的机会成本也较高，而未流转户可能不进行农业生产或者农业生产以自给自足为主，其耕地质量保护意愿和行为存在差距，真正采取耕地保护措施的比例会偏低。

在问卷中，通过设置"您认为耕地休养会提高产量吗""您认为耕地休养会提高农产品品质吗""您认为耕地休养会增加成本吗"3 个问题，反映农户对耕地休养的效益预期。农户对耕地休养能提高粮食产量、提升农产品品质和增加成本的效益预期并不明显，统计值均偏低。根据农户行为理论和已有研究的主要做法，本部分选择农户特征、土地经营特征和耕地质量保护的认知等作为主要控制变量（张复宏等，2017；徐志刚等，2018；高杨等，

2019；钱龙等，2020）。表8-2汇集了样本地区各变量的描述性统计结果。样本地区家庭平均地块数为3.5块左右，地块相对较为分散，地块离家之间的平均距离适中，且多数农户认为自家耕地质量较好。平均每户拥有2个左右农业劳动力，平均年龄为58周岁左右，务农年限平均为27年左右，劳动工作主要以农业劳动为主，农业生产呈现"老龄化、兼业化和经验化"现象。多数农户认为耕地休养的责任人是政府，而非耕地经营户，并主观认为自家耕地质量较好，农户对耕地质量保护政策基本不熟悉。

表8-2　各变量的描述性统计结果

变量名	定　义	均值	标准差
耕地质量保护意愿	0＝否；1＝愿意	0.867	0.341
施用农家肥	0＝否；1＝是	0.211	0.409
秸秆还田	0＝否；1＝是	0.900	0.301
施用有机肥	0＝否；1＝是	0.207	0.406
深松耕地	0＝否；1＝是	0.204	0.403
提高产量	0＝不会；1＝不知道；2＝会	1.583	0.631
提高农产品品质	0＝不会；1＝不知道；2＝会	1.537	0.764
增加成本	0＝不会；1＝不知道；2＝会	1.077	0.942
年龄	岁	58.093	10.74
受教育程度	年	8.144	3.608
家庭劳动时间分配	1＝纯农业劳动；2＝农业劳动为主、非农劳动为辅；3＝非农劳动为主、农业劳动为辅；4＝纯非农劳动	1.626	0.899
村干部	0＝否；1＝是	0.330	0.471
家庭农业劳动力人数	人	2.206	0.797
务农劳动力价格	元/日	118.081	34.341
耕地面积	亩	63.966	104.611
地块数	块	3.549	2.249
地块分散程度	1＝集中；2＝一般；3＝分散	2.067	0.877
地块离家远近	1＝近；2＝一般；3＝远	1.863	0.721
是否确权	0＝否；1＝是	0.330	0.471
务农年限	年	27.209	14.789
家庭耕地质量情况	1＝贫瘠；2＝一般；3＝肥沃	2.426	0.610
耕地质量保护责任	0＝所有者；1＝农地经营者；2＝政府	1.319	0.653
耕地质量保护政策	0＝不知道；1＝基本了解；2＝非常了解	0.670	0.551

注：作者根据调研数据整理计算得出。

四、实证结果分析

1. 效益预期对农户耕地休养意愿和行为的实证分析

本部分使用 Stata15.0 软件定量估计效益预期等各变量对农户耕地休养意愿的影响（表 8-3），Model 1 和 Model 2 的 Wald 统计值均在 1% 的水平下显著，模型整体估计结果较好。Model 2 是在 Model 1 基础上，增加家庭特征和土地特征等控制变量的回归结果，以避免因遗漏变量造成模型内生性问题。下面以 Model 2 的估计结果展开分析。效益预期对农户耕地休养意愿具有重要影响，效益预期中的产量提高预期和农产品品质提升预期对农户耕地休养意愿具有显著的正向影响。作为理性经济人，农户是否进行耕地休养，会受到耕地休养带来的成本收益影响，如果预期效益越高，比如提高产量或者提高农产品品质，农户进行耕地休养的意愿就会越强。随着城乡居民消费结构日益升级和农业政策从增产导向转向提质导向，消费者对优质农产品的需求将不断增多，农产品市场的优质优价渠道也会不断增多。为追求长期收益最大，农户农业生产行为会逐步从追求产量转向提升品质，以更大程度地满足消费者需求。效益预期中的成本增加对农户耕地质量保护意愿具有显著负向影响，成本是影响农户耕地质量保护意愿的重要因素，成本越高，意愿会越低。

年龄对农户耕地质量休养意愿具有显著负向影响，样本地区农业生产老龄化较为严重，随着农户年龄的增大，追求产量稳定会逐渐成为其最优选择，以规避具有风险和不确定性的农业生产行为。务农劳动力价格对农户耕地休养意愿的影响为负，农业劳动力工资已成为中国农业生产中的主要成本之一，工资上涨会增加农业生产成本，挤压农业经营的利润空间，导致粮食生产经常出现"增产不增收"，极大地抑制了农民种粮的积极性，进而显著降低农户耕地休养的意愿。耕地特征也是影响农户是否进行耕地休养的重要因素，地块分散会增加劳动力或机械的通勤成本，导致面积小或离家远的耕地利用率下降或率先被撂荒，农户耕地休养意愿会更低。农户对耕地质量保护政策越了解，其参与概率越大，加强耕地质量保护政策宣传，可提高农户对耕地质量保护的认知能力和了解程度，有利于低成本地推进农户耕地质量保护。农户主观认为耕地质量越肥沃，其耕地质量保护意愿越高。

表 8-3 效益预期对农户耕地质量保护意愿的回归结果

变量名	Model 1		Model 2	
	Probit	dy/dx	Probit	dy/dx
提高产量	0.617***	0.112***	0.583***	0.095***
	(0.150)	(0.026)	(0.157)	(0.025)
提高农产品品质	0.240*	0.044*	0.263*	0.043*
	(0.127)	(0.023)	(0.146)	(0.023)
增加成本	−0.241**	−0.044**	−0.353***	−0.057***
	(0.115)	(0.021)	(0.133)	(0.022)
年龄	—	—	−0.029*	−0.005*
			(0.015)	(0.002)
受教育程度	—	—	0.025	0.004
			(0.032)	(0.005)
家庭劳动时间分配	—	—	−0.130	−0.021
			(0.125)	(0.020)
务农劳动力价格	—	—	−0.008**	−0.001**
			(0.004)	(0.001)
耕地面积	—	—	0.001	0.000 1
			(0.001)	(0.000 2)
地块分散程度	—	—	−0.269*	−0.044*
			(0.163)	(0.026)
地块离家远近	—	—	−0.128	−0.019
			(0.125)	(0.021)
是否确权	—	—	0.424	0.069
			(0.289)	(0.047)
务农年限	—	—	0.015	0.002
			(0.009)	(0.002)
耕地质量情况	—	—	0.277*	0.045*
			(0.163)	(0.027)
耕地质量保护责任	—	—	0.105	0.017
			(0.170)	(0.028)
耕地质量保护政策	—	—	0.128*	0.021**
			(0.071)	(0.010)
市级虚拟变量	已控制	—	已控制	—
常数项	0.457		2.028	
	(0.329)	—	(1.230)	—
Wald chi2	34.53***	—	−52.96***	—

注：①*、**、***分别表示在10%、5%和1%的水平下显著；②括号内为标准误。

不同耕地休养措施具有不一样的替代、互补或某种其他关系。对农户而言，秸秆还田和施用有机肥需要花费大量资金，施用农家肥和深松耕地则需大量劳动力。本部分进一步分析效益预期对农户选择不同耕地休养措施的影响及其差异，Mvprobit 回归方程的协方差矩阵见表 8 - 4，卡方值通过了 5％水平的显著性检验，表明各方程随机扰动项之间存在相关性，农户选择不同耕地休养行为会相互影响，使用 Mvprobit 模型是合适的。农户选择秸秆还田与施用农家肥之间存在替代效应，与有机肥施用存在互补效应。

表 8 - 4　Mvprobit 回归方程的协方差矩阵

耕地休养类型	秸秆还田	施用农家肥	施用有机肥	深松耕地
秸秆还田	1	—	—	—
施用农家肥	− 0.392 ***	1	—	—
施用有机肥	0.261 **	− 0.168	1	—
深松耕地	− 0.158	0.073	0.115	1
似然比检验	rho21＝rho31＝rho41＝rho32＝rho42＝rho43＝0 chi2＝14.229 **			

注：* 、** 、*** 分别表示在 10％、5％和 1％的水平下显著。

表 8 - 5 报告了农户不同耕地休养行为方式选择的 Mvprobit 回归结果。总体上，农户秸秆还田的产量提高预期和农产品品质提升预期会增加其采用概率，施用有机肥的农产品品质提升预期和深松耕地的产量提高预期均会显著提高采纳概率，施用农家肥的成本增加预期则会降低其采用概率。秸秆还田属于典型的跨期农业技术，当期还田但收益往往发生在未来多期，能改善土壤有机质含量进而可能提高农产品品质和产量，但这种效果需要等到秸秆腐熟后通过食物链途径才能发挥作用，周期长、见效慢且不确定性较大，农户若能形成秸秆还田的农产品品质提升预期和产量提高预期，其采用概率会显著提高。然而，秸秆焚烧在我国大部分地区依然存在，农民普遍担心秸秆还田之后，到明年能否彻底腐熟，是否会影响农作物种植。其次，秸秆还田机械使用需要一定的耕地面积作为配套条件，家庭地块数是影响农户是否选择秸秆还田的关键因素，地块数越多，平均地块面积越小，秸秆还田机械使用的成本会越高。此外，农户若主观觉得自家耕地质量较好，会增加其采用秸秆还田的概率。农户施用有机肥的农产品品质提升预期是影响其采用的关

键因素，当前国家政策层面正大力推动质量兴农和农业绿色发展，农产品优质优价的实现途径和渠道不断增多，农户追求优质农产品的动机越来越强。农家肥主要来源于畜禽粪便，从粪便运输到耕地施用需要一定的体力和有效农业劳动时间，农户施用农家肥的成本增加预期会显著降低其采用概率，地块离家越远和家庭有效农业劳动供给时间越少更是会加大农家肥施用的成本。深松耕地能提高土壤蓄水能力和增加肥料的溶解能力，提高肥料利用率。农户深松耕地的产量提高预期会显著增加其采纳概率，深松耕地需要大量的有效农业劳动时间，不论是家庭劳动力自雇还是雇工，务农劳动价格越高，深松耕地的机会成本就会越高，农户的采纳概率就会越低。地块数越多也会显著降低农户选择深松耕地的概率。

表8-5　效益预期对农户不同耕地休养行为选择的影响

变量名	因变量			
	施用农家肥	秸秆还田	施用有机肥	深松耕地
提高产量	0.030	0.389**	0.036	0.284*
	(0.166)	(0.168)	(0.160)	(0.146)
提高农产品品质	0.130	0.548***	0.251*	0.165
	(0.151)	(0.199)	(0.138)	(0.141)
增加成本	-0.046**	-0.093	-0.040	-0.083
	(0.023)	(0.111)	(0.094)	(0.094)
年龄	0.008	-0.018	-0.008	-0.020**
	(0.012)	(0.013)	(0.009)	(0.010)
受教育程度	0.076**	0.001	0.021	0.029
	(0.031)	(0.031)	(0.030)	(0.029)
家庭劳动时间分配	0.189*	-0.076	-0.038	0.002
	(0.104)	(0.123)	(0.104)	(0.101)
是否为村干部	0.076	0.270	-0.080	-0.356*
	(0.195)	(0.244)	(0.198)	(0.209)
农业劳动力人数	0.090	-0.181	-0.054	0.205*
	(0.125)	(0.134)	(0.099)	(0.112)
务农劳动价格	-0.004	-0.000	0.000	-0.006**
	(0.003)	(0.003)	(0.003)	(0.003)

（续）

变量名	因变量			
	施用农家肥	秸秆还田	施用有机肥	深松耕地
耕地面积	−0.000	0.000	0.001	0.001
	(0.001)	(0.001)	(0.001)	(0.001)
地块数	−0.049	−0.127*	0.001	−0.107*
	(0.053)	(0.069)	(0.053)	(0.059)
地块分散程度	0.103	−0.137	0.137	0.125
	(0.118)	(0.137)	(0.112)	(0.121)
地块离家远近	−0.303**	−0.066	−0.175	−0.008
	(0.130)	(0.158)	(0.137)	(0.141)
是否确权	0.408*	0.321	0.159	0.044
	(0.231)	(0.300)	(0.232)	(0.242)
务农年限	0.003	0.003	0.008	0.001
	(0.008)	(0.008)	(0.007)	(0.008)
耕地质量情况	0.195	0.052*	0.010	0.065
	(0.146)	(0.027)	(0.156)	(0.151)
市级虚拟变量	已控制	已控制	已控制	已控制
常数项	−2.549**	2.143*	−1.175	−1.531*
	(1.061)	(1.120)	(0.837)	(0.913)
对数似然值	−452.01			
Wald chi2	125.00***			

注：① *、**、*** 分别表示在 10%、5% 和 1% 的水平下显著；②括号内为标准误。

2. 效益预期对不同规模农户耕地休养意愿的影响

不同农户资源禀赋差异可能会导致对同一种耕地休养措施形成差异化的预期效益，进而影响农户耕地休养意愿。本部分分别对规模户和传统农户进行稳健型回归，观察两类农户的预期效益对农户耕地休养意愿是否存在差异（表 8-6），并解释其原因。

表 8-6　效益预期对不同规模农户耕地休养意愿的影响

变量名	规模户		传统农户	
	Probit	dy/dx	Probit	dy/dx
提高产量	0.834***	0.151***	0.847***	0.117***
	(0.295)	(0.054)	(0.184)	(0.026)

（续）

变量名	规模户		传统农户	
	Probit	dy/dx	Probit	dy/dx
提高农产品品质	0.268	0.043	0.191	0.026
	(0.360)	(0.057)	(0.182)	(0.025)
增加成本	−0.627**	−0.101**	−0.357**	−0.049**
	(0.291)	(0.047)	(0.163)	(0.022)
年龄	−0.177**	−0.028***	−0.025	−0.003
	(0.072)	(0.011)	(0.019)	(0.003)
受教育程度	0.021*	0.001	0.031	0.004
	(0.012)	(0.016)	(0.039)	(0.005)
家庭劳动时间分配	−1.180	−0.190*	−0.225	−0.031
	(0.722)	(0.102)	(0.153)	(0.021)
务农劳动力价格	0.001	−0.000 2	−0.014***	−0.002**
	(0.006)	(0.001 0)	(0.005)	(0.001)
耕地面积	0.003	0.000 5	0.012*	0.002
	(0.003)	(0.000 5)	(0.007)	(0.001)
地块分散程度	−0.535**	−0.062*	0.163	0.023
	(0.243)	(0.039)	(0.167)	(0.023)
地块离家远近	−0.315	−0.013	−0.323	−0.045
	(0.266)	(0.052)	(0.207)	(0.028)
是否确权	−0.041	−0.007	0.541	0.074
	(0.615)	(0.099)	(0.394)	(0.055)
务农年限	0.037	0.006	0.015	0.002
	(0.025)	(0.004)	(0.012)	(0.002)
耕地质量情况	0.144	0.023	0.269	0.037
	(0.457)	(0.075)	(0.199)	(0.026)
耕地质量保护责任	−0.008	−0.001	0.121	0.017
	(0.449)	(0.072)	(0.192)	(0.026)
耕地质量保护政策	−0.570	−0.092	0.498**	0.069***
	(0.650)	(0.101)	(0.240)	(0.031)
市级虚拟变量	已控制	已控制	已控制	已控制
常数项	9.609**		2.153	
Wald chi2	15.78**		60.38***	

注：① *、**、*** 分别表示在10%、5%和1%的水平下显著；②括号内为标准误。

对于规模户和传统农户，耕地休养的产量提高预期对其采纳意愿的概率具有显著正向影响，耕地休养的成本增加预期会显著降低其采纳意愿，该结论和上述结论一致，结果具有稳健性。不论是规模户还是传统农户，成本收益是影响农户是否愿意进行耕地休养的关键因素之一，农业比较收益低和农产品优质优价实现渠道不畅是导致农户更加注重产量和成本的外部因素。地块分散程度、家庭劳动时间分配和年龄是影响规模户耕地休养意愿的关键因素，地块分散和家庭有效劳动时间的非农转移会增加耕地休养成本，进而降低农业经营利润。务农劳动价格和耕地质量保护政策是影响传统农户的关键因素，务农劳动价格上涨会增加劳动力自雇的机会成本和家庭雇工成本，降低农户耕地质量保护意愿。

第二节　土地细碎化、农地流转对农户耕地休养行为选择的影响

一、问题的提出

土地细碎化和农地经营权流转在中国农业生产环境中将会一直存在，以往研究多数将土地细碎化作为一个既定事实，而现实情况往往是土地细碎化影响农户间的农地流转，进而影响农户的耕地休养意愿和行为，已有研究鲜有将土地细碎化和农地流转两者相结合的。从研究方法来看，现有研究主要是借助二元离散模型来分析不同因素对某一种耕地休养措施（例如秸秆还田、有机肥施用、绿肥施用等）的影响。然而，农户可能会同时选择多种耕地休养措施，且不同选择之间可能并不互相排斥，某些不可观测的因素可能会同时决定农户选择多种不同的耕地休养措施，使用简单的二元选择模型可能会产生估计偏误。

本部分可能的边际贡献在于：将土地细碎化和农地流转同时纳入农户耕地休养意愿和不同耕地休养行为决策的分析框架，利用二元 Probit 模型和多变量 Probit 模型（Multivariate Probit Model）考察土地细碎化和农地流转对农户耕地休养意愿和不同耕地休养行为决策的影响。本部分将从农户主观动机的视角，厘清中国耕地休养行为推广受阻的原因并拓展相关研究，对探寻提高农户实施耕地休养行为的积极性具有较强的应用价值。

二、理论分析和研究假说

根据舒尔茨（2006）提出的"理性小农"假设，农户在自身资源禀赋和有限选择集的约束条件下，会选择能够实现利润或效益最大化的生产经营方式。农业生产是自然生产和社会再生产的有机结合，投入和产出具有时间的不一致性，不同耕地休养措施都是当期投入，效益往往在未来几个月甚至1～2年之后才能见效，农户耕地休养行为的正外部性无法在短期内得到补偿。农户是否愿意进行耕地休养以及采取何种耕地休养措施会受到耕地特征的影响。土地细碎化是中国农业生产经营的重要特征之一。在不同的农业生产环境条件下，土地细碎化会形成或放松某些条件，农户的土地利用行为也会进行适应性调整。短期内，土地细碎化带来的种植多样化对提高农业利润和效率存在积极作用，但高密度和高强度的土地利用也会造成土壤肥力下降，不利于土地的长期利用。近年来，农业劳动力成本不断上涨，在户均规模较小、适合于小面积地块作业的农机等社会化服务未大面积普及的背景下，土地细碎化会加剧农业生产不同环节外包的难度，或抬高外包的成本，进而削弱农户对包括种植绿肥、施用有机肥和秸秆还田等在内的耕地利用。因此，本部分提出假说1：

H1：土地细碎化程度越高，农户进行耕地休养的意愿和行为概率越低。

农地流转不仅缓解了中国的土地细碎化问题[①]，也为耕地向少数经营者集中，形成连片的土地规模经营提供了条件，截至2016年底，家庭农场等不同新型农业经营主体竞相发展，总量达到280万个[②]。不同经营规模农户在要素投入和耕地质量保护技术采纳上存在明显差异，与小农户相比，规模户拥有更多的金融资本（徐志刚等，2018），更加注重农业生产的可持续性（黄武，2010），在采用耕地质量保护等新技术时，存在规模经济且单位土地面积上的采用成本也会更低（储成兵等，2014）。在量级效应[③]的影响下，

---

① 农户在转入土地时通常更偏好与自身原有地块相邻或地块面积较大的土地。

② 数据来源：农业农村部网站。

③ Thaler（1981）研究发现，人们对大数目金额的贴现率通常要小于对小数目金额的贴现率，这种现象在行为经济学中被称为量级效应（magnitude effect）。Green 等（1994）在研究人的跨期选择时得出了类似的结论。

规模较大的农户对未来收益的时间偏好程度较低，更加注重农业生产的长期收益，因此对耕地休养措施的采纳程度也会更高。一个客观事实是，农户扩大土地经营规模的主要途径是转入土地。据此，本部分提出假说2：

H2：转入土地的面积越大，农户进行耕地休养的意愿越高。

当前，中国农户间的农地流转多数基于非正式的口头契约，不同来源转入地的经营权稳定性差异较大。稳定的土地经营权有利于改善农户的行为激励以及对未来产出的预期，进而激励农户进行耕地休养。中国农村社会具有明显的"人情化"和"乡土性"等特征，相较于来源于外村的转入地，本村的转入地基本来自于在外工作的亲友。一方面，农户出于对本村人更加信任的考虑，对来源于本村的转入地的经营权稳定性预期相对较高；另一方面，出于"人情"因素的考虑，农户对本村土地的感情更加深厚。此外，来源于本村的转入地的经营权就算意外中断，前期投资也更容易追回。中国农户大多属于风险规避者，在决定是否对转入地进行耕地休养时，不仅会考虑利润最大化，也会考虑风险最小化。据此，本部分提出假说3：

H3：对来源于外村的转入地，农户对其进行耕地休养的意愿和行为会降低。

土地细碎化和农地流转对农户耕地休养行为影响的分析框架见图8-1。

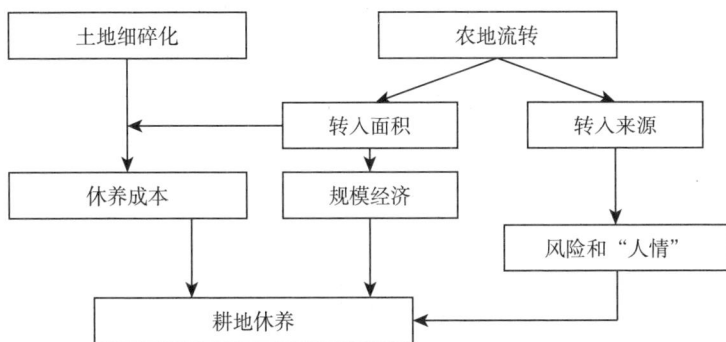

图8-1 土地细碎化和农地流转对农户耕地休养行为影响的分析框架

三、模型构建

1. 二元 Probit 模型

本部分考查的耕地休养意愿 Y 为二元离散变量，因而构建二元 Probit

模型进行实证分析。$Y=1$ 表示农户愿意进行耕地休养，$Y=0$ 则表示不愿意。令 Y^* 表示与 Y 相对应的连续但不可观测的潜变量，且二者之间的对应关系为：

$$Y=\begin{cases} 1, Y^* > 0 \\ 0, Y^* \leqslant 0 \end{cases} \qquad (8-10)$$

设 Y^* 的表达式为：

$$Y^* = X\beta + \varepsilon \qquad (8-11)$$

式中，X 表示影响农户耕地休养意愿的各种因素，β 为各影响因素相对应的估计系数，ε 为服从标准正态分布的误差项，可以推导出 Probit 模型为：

$$p(Y=1|X) = p(Y^* > 0|X) = p(\varepsilon > -X\beta|X) = \Phi(X\beta)$$

$$(8-12)$$

式中，Φ 为标准正态的累计分布函数。实证分析中，采用最大似然法估计 Probit 模型。

2. Mvprobit 模型

多元 Probit 模型是常用的离散选择模型，其假设前提是各备择选项之间相互独立，即服从 IIA 假设。但是，在很多离散选择问题上，比如在耕地质量保护行为选择中，由于一些不可观测因素，农户可能会同时选择秸秆还田或者有机肥施用，这两种选择的模型误差项可能会相关，导致计量模型中的内生性和估计结果可能并不准确。因此，本部分采用允许不同方程误差项之间存在相关性的 Mvprobit 模型（Greene，2008），分析土地细碎化和农地流转对农户不同耕地质量保护措施选择的影响效果。

Mvprobit 模型包含多个二元解释变量，其具体形式如下：

$$Y_j^* = \beta_j X + \varepsilon_j \qquad (8-13)$$

$$Y_j = \begin{cases} 1, 如果 Y_j^* > 0 \\ 0, 其他 \end{cases} \qquad (8-14)$$

式中，$j=1$，2，3，4 分别表示农户选择秸秆还田、施用农家肥、施用有机肥和深松耕地等不同耕地质量保护行为。Y_j^* 是潜变量，Y_j 是观测变量，若 $Y_j^* > 0$，则 $Y_j=1$，表示农户选择对应的耕地质量保护方式，X 是表示影响农户选择不同耕地质量保护措施的各种因素，β_j 为各影响因素相对应的估计系数，ε_j 为随机扰动项，服从均值为 0、协方差为 Ω 的多元正态分布，协方差矩阵 Ω 如下：

$$\Omega = \begin{bmatrix} 1 & \delta_{21} & \delta_{31} & \delta_{41} \\ \delta_{12} & 1 & \delta_{32} & \delta_{42} \\ \delta_{13} & \delta_{23} & 1 & \delta_{43} \\ \delta_{14} & \delta_{24} & \delta_{34} & 1 \end{bmatrix} \qquad (8-15)$$

式中，非对角线上的元素代表着 4 种不同耕地质量保护方式的 4 个二元选择方程随机扰动项之间无法观测的联系。若非对角线上的值为非零，说明各方程的随机扰动项之间存在关联，应采用 Mvprobit 模型进行分析；非对角线上的元素值显著且大于 0，说明农户不同耕地质量保护方式之间是互补关系；若该值显著且小于 0，说明是替代关系。

四、数据来源与描述性统计

本部分所用数据来源于课题组 2018 年在江苏省内组织的农户微观调查。江苏的区域经济发展和地貌特征等存在较大差异，在综合考虑各地农业基础发展水平上，选取江苏省南通市、盐城市、扬州市和泰州市作为样本部分地区，然后根据随机抽样方法，在每市随机选取 1 个县，每县随机选取 4 个镇，每镇再随机选取 3 个村。针对本部分的研究重点，问卷包含以下几个方面：①农户家庭特征，如户主年龄及其受教育情况、家庭劳动力人数、家庭劳动时间分配、家庭成员就业情况等；②土地基本情况，如耕地面积、地块数、地块离家距离、农地流转情况等；③耕地休养情况，如耕地休养的效益预期、耕地休养方式、耕地休养的政策认知等。为保证问卷质量，正式调研之前对调研员进行了培训，并就调查问卷的相关内容进行解释，正式调查采取调查员和农户面对面交流，由调查员代为填写问卷的形式进行，避免了农户自行填写表格或农户对问卷理解误差带来的偏误。调查结束后对问卷进行自查、互查及集中检验，共获取有效问卷 270 份。

表 8-7 报告了农户选择不同耕地休养方式的基本情况。样本地区约 86.7% 的农户愿意参与耕地休养。从具体的耕地休养措施情况来看，相当一部分的农户采用了 2 种或 2 种以上的耕地休养措施，其中秸秆还田的采用比例达到 90.0%。当前，政府部门正大力推广农作物秸秆还田，各地为杜绝露天焚烧秸秆也纷纷实施了最严格的秸秆禁烧政策。有机肥替代化肥是重要

的耕地休养方式之一，长期的化肥过量施用也导致了耕地污染加重和农产品品质下降。为此，国家也不断推动有机肥替代化肥，样本地区施用有机肥的农户比例约为 20.7%，施用农家肥和采用深松耕地的农户比例分别为 21.1% 和 20.4%。

表 8-7　农户耕地休养行为方式选择的比例

变量名	定义	全样本	比例			
			规模户	传统农户	流转户	未流转户
耕地休养意愿	0＝否；1＝愿意	0.867	0.867	0.867	0.864	0.872
施用农家肥	0＝否；1＝是	0.211	0.167	0.224	0.244	0.149
秸秆还田	0＝否；1＝是	0.900	0.950	0.886	0.903	0.894
施用有机肥	0＝否；1＝是	0.207	0.233	0.200	0.227	0.170
深松耕地	0＝否；1＝是	0.204	0.283	0.181	0.233	0.149
样本量		270	60	210	176	94

注：①作者根据调研数据整理计算得出；
②同一个农户会存在多选的情况，4 种不同耕地休养行为比例的加总不一定等于 1。

表 8-8 给出了各变量的描述统计结果。从土地细碎化指标来看，样本地区家庭平均地块数约为 3.55 块，地块离家的远近程度适中。从农地流转指标来看，农户平均转入面积为 84.31 亩，其中 20% 农户的转入地来源于外村。在耕地质量保护的效益预期中，农户总体上认为耕地休养可以提高产量和改善农产品品质。多数农户感觉自家的耕地质量较好，平均每户拥有约 2 个农业劳动力，平均年龄约 58 周岁，务农年限为 27 年左右，且劳动工作主要以农业劳动为主，平均受教育年限为 8.14 年，农业生产呈现"老龄化、兼业化"现象。

表 8-8　各变量的描述性统计

变量名	定　义	均值	标准差
家庭经营面积	亩	63.97	104.61
地块数	块	3.55	2.25
地块面积的倒数	块/亩	0.37	0.48
地块离家远近	1＝近；2＝一般；3＝远	1.86	0.72
是否确权	0＝否；1＝是	0.33	0.47

（续）

变量名	定　义	均值	标准差
转入面积	亩	84.31	108.78
转入来源	0＝本村农户；1＝外村农户	0.20	0.40
提高产量	0＝不会；1＝不知道；2＝会	1.58	0.64
提高农产品品质	0＝不会；1＝不知道；2＝会	1.53	0.78
增加成本	0＝不会；1＝不知道；2＝会	1.07	0.95
年龄	岁	58.09	10.74
受教育程度	年	8.14	3.61
家庭劳动时间分配	1＝纯农业劳动；2＝农业劳动为主、非农劳动为辅；3＝非农劳动为主、农业劳动为辅；4＝纯非农劳动	1.63	0.90
是否为村干部	0＝否；1＝是	0.33	0.47
家庭农业劳动力人数	人	2.03	0.80
务农劳动力价格	元/日	118.08	34.34
务农年限	年	27.21	14.79
耕地质量情况	1＝贫瘠；2＝一般；3＝肥沃	2.43	0.61

五、实证结果分析

1. 土地细碎化和农地流转对农户耕地休养意愿的影响

本部分使用 Stata15.0 软件定量估计土地细碎化和农地流转对农户耕地休养意愿的影响（表 8-9），Model 1 和 Model 2 的 Wald 统计值均在 1% 的水平下显著，模型整体估计结果较好。Model 2 是在 Model 1 基础上，增加农地流转变量的回归结果，以此检验土地细碎化背景下的农地流转对农户耕地休养意愿的影响。下面以 Model2 的估计结果展开分析。

反映土地细碎化的指标"地块数""平均地块面积""地块离家远近"分别通过了不同程度的显著性检验，土地细碎化程度越高，农户进行耕地休养的意愿越低，假说 1 得到验证。土地细碎化提高了耕地休养的成本，进而削弱了农户的耕地休养意愿。农地流转对农户耕地休养意愿具有重要的影响，土地转入面积越大，农户的耕地休养意愿越强，假说 2 得到验证。农户转入土地越多，农业收益占总收益的比重会相对提高，农户可能会更加重视农业生产的长期收益，对耕地休养的采纳意愿会提高。相较于来源于本村的转入地，当农户的转入地来源于外村时，其进行耕地休养的意愿下降约 12%。

中国农户大多数属于风险规避者，为了减少农业风险，会更偏向于在本村的土地上进行耕地休养。

年龄对于农户耕地休养的意愿具有显著负向影响，农业劳动力年龄越大，农业种植习惯就会越固定，接受农业生产新技术的意识也会越弱，耕地休养的意愿也就越低。受教育程度对农户耕地休养意愿的影响为正，劳动力受教育程度越高，掌握农业生产新技术会更快，对耕地休养的益处也会更加了解，进而会提高其耕地休养的意愿。村干部作为耕地休养政策的主要推动者，其积极参与耕地休养会起到示范带头的作用。家庭劳动力数量对农户耕地休养意愿的影响显著为正，耕地休养所需的劳动力较多，家庭劳动力越多，耕地休养的意愿也会提高。

表 8-9　土地细碎化和农地流转对农户耕地休养意愿的影响结果

变量名	Model 1		Model 2	
	Probit	dy/dx	Probit	dy/dx
家庭经营面积	0.000 4	0.000 1	−0.021 1**	−0.001 5**
	(0.001 3)	(0.000 2)	(0.010 1)	(0.000 6)
地块数	−0.018 5	−0.003 0	−0.532 9**	−0.036 7**
	(0.060 8)	(0.001 0)	(0.228 1)	(0.014 6)
地块数/经营面积	−0.223 2	−0.036 3	−16.236 1	−0.842 3*
	(0.187 2)	(0.030 2)	(11.247 7)	(0.467 1)
地块离家远近	−0.199 4	−0.032 5	−0.485 1*	−0.021 3**
	(0.164 0)	(0.026 4)	(0.288 2)	(0.010 1)
是否确权	0.486 4	0.079 1	0.453 4	0.031 2
	(0.311 9)	(0.050 6)	(0.579 7)	(0.040 2)
转入面积			0.026 6**	0.001 8***
			(0.010 8)	(0.000 7)
转入来源			−1.707 0***	−0.117 6***
			(0.587 3)	(0.039 4)
是否会提高产量	0.660 7***	0.107 5***	1.129 2***	0.077 8
	(0.157 0)	(0.024 5)	(0.323 8)	(0.018 4)
是否会提高农产品质量	0.284 0*	0.046 2**	1.081 7***	0.074 5***
	(0.146 1)	(0.023 4)	(0.328 7)	(0.021 9)

（续）

变量名	Model 1		Model 2	
	Probit	dy/dx	Probit	dy/dx
是否会增加成本	−0.334 3**	−0.054 4***	−0.864 4**	−0.059 6**
	(0.132 2)	(0.020 8)	(0.384 8)	(0.024 8)
户主年龄	−0.029 3*	−0.004 8*	−0.160 8***	−0.011 1***
	(0.015 7)	(0.002 6)	(0.041 0)	(0.002 3)
受教育程度	0.024 2	0.003 9	0.461 1**	0.011 8***
	(0.030 7)	(0.005 0)	(0.206 3)	(0.011 7)
家庭劳动时间分配	−0.108 7	−0.017 7	−1.151 0**	−0.079 3***
	(0.132 4)	(0.021 5)	(0.468 7)	(0.027 8)
是否为村干部	0.121 7	0.019 8	1.893 3**	0.130 5***
	(0.232 9)	(0.037 7)	(0.751 2)	(0.043 5)
家庭农业劳动力人数	0.120 3	0.019 6	1.318 0***	0.090 8***
	(0.169 5)	(0.027 2)	(0.495 2)	(0.028 6)
农忙时务农劳动价格	−0.008 2**	−0.001 3**	−0.008 9	−0.000 6
	(0.003 7)	(0.000 6)	(0.006 1)	(0.000 5)
农户种植经验	0.014 0	0.002 3	0.029 5	0.002 0
	(0.009 3)	(0.001 5)	(0.023 7)	(0.001 5)
耕地质量情况	0.321 2*	0.052 3*	1.303 9**	0.089 9**
	(0.172 9)	(0.026 8)	(0.531 1)	(0.035 9)
地区	已控制	已控制	已控制	已控制
常数项	2.082 8		12.270 6***	
	(1.376 2)		(3.324 0)	
Wald chi2	51.78***	—	41.84***	—
对数似然值	−79.60		−14.71	

注：①*、**、***分别表示在10%、5%和1%的水平下显著；②括号内为标准误。

2. 土地细碎化和农地流转对农户采用不同耕地休养措施的影响

不同的耕地休养措施具有不一样的替代、互补或某种其他关系，对农户而言，秸秆还田和施用有机肥需要花费大量资金，施用农家肥和深松耕地则需大量劳动力。因此，本部分进一步分析土地细碎化和农地流转对农户选择不同耕地休养措施的影响及其差异。多变量 Probit 回归方程的协方差矩阵见表 8-10，卡方值通过了 1% 水平的显著性检验，表明各方程随机扰动项

之间存在相关性，农户不同耕地休养方式的选择会相互影响，使用多变量
Probit 模型是合适的。农户选择秸秆还田与施用农家肥之间存在替代效应，
与有机肥施用存在互补效应。

表 8-10　多变量 Probit 回归方程的协方差矩阵

耕地休养类型	秸秆还田	施用农家肥	施用有机肥	深松耕地
秸秆还田	1	—	—	—
施用农家肥	−0.575***	1	—	—
施用有机肥	0.098**	0.132	1	—
深松耕地	−0.189	−0.004	0.094	1
似然比检验	rho21＝rho31＝rho41＝rho32＝rho42＝rho43＝0 chi2＝4.796***			

注：*、**、***分别表示在 10%、5%和 1%的水平下显著。

表 8-11 报告了农户不同耕地休养方式选择行为的多变量 Probit 回归结
果。总体上，土地细碎化对农户采取各种耕地休养措施均有显著影响，土地
细碎化程度越高，农户进行耕地休养的概率越低。具体来看，随着每亩耕地
上地块数增多，农户采用秸秆还田、施用农家肥和施用有机肥的概率均下
降；地块离家距离越远，农户进行深松耕地的概率越低；地块数的增加也会
降低农户秸秆还田的概率。从农地流转指标来看，土地转入面积对农户采用
深松耕地的影响在 10%的水平下显著为负，这与本部分的预期不一致，可
能的原因有三点：①本部分数据存在一定限制，该猜想从转入面积对农户秸
秆还田、施用有机肥和农家肥的影响均不显著可以得到印证；②尽管转入面
积的增大会提高农户耕地休养意愿，但在现实中农户耕地休养行为往往存在
意愿与行为背离的现象（王舒娟等，2014；余威震等，2017）；③深松耕地
需要大型机械，但中国农户总体收入水平较低，在农业社会化服务还不完善
和农产品价格上升空间有限的背景下，农户难以承受深松耕地带来的高昂成
本。当转入地来源于外村时，农户进行深松耕地和施用有机肥的概率会显著
下降，转入地来源对农户进行秸秆还田和施用农家肥的影响虽然不显著，但
其符号也为负，这进一步验证了假说 3，农户为减小投资风险，更愿意在本
村的土地上进行耕地休养。若农户能形成秸秆还田和施用有机肥可以提高农

产品品质的效益预期，其采纳概率会增加。随着中国城乡居民收入水平的提高，市场对于优质农产品的需求不断增加，而秸秆还田和施用有机肥均可以提高农产品品质、改善农产品口感和风味。然而，秸秆还田作业需要大型机械，在中国土地细碎化较为严重的背景下，秸秆还田成本是制约农户采纳该技术的重要因素。农家肥主要来源于农户养殖的畜禽粪便，把粪便运输到耕地并施用需要较多的劳动时间，农业劳动力数量是影响农户是否施用农家肥的重要因素。农业劳动力的机会成本也影响着农户的农家肥施用。

表 8-11　土地细碎化和农地流转对农户不同耕地休养措施的影响结果

变量名	因变量			
	施用农家肥	秸秆还田	施用有机肥	深松耕地
家庭经营面积	0.000	0.002	−0.003	0.011*
	(0.004)	(0.003)	(0.004)	(0.006)
地块数	−0.017	−0.160*	−0.021	−0.054
	(0.078)	(0.084)	(0.067)	(0.072)
地块数/经营面积	−0.535**	−0.190**	−0.370*	−0.200
	(0.243)	(0.079)	(0.197)	(0.210)
地块离家远近	0.944	1.495	−2.327	−3.156*
	(0.920)	(1.461)	(1.545)	(1.630)
是否确权	0.775**	−0.389	−0.176	−0.012
	(0.389)	(0.493)	(0.334)	(0.332)
转入面积	0.001	−0.001	0.002	−0.011*
	(0.004)	(0.003)	(0.003)	(0.006)
转入来源	−0.507	−0.671	−0.008**	−0.765*
	(0.448)	(0.696)	(0.004)	(0.424)
是否会提高产量	−0.124	0.073	0.324	0.205
	(0.292)	(0.305)	(0.282)	(0.241)
是否会提高农产品质量	0.014	0.545**	0.465**	0.256
	(0.256)	(0.262)	(0.227)	(0.227)
是否会增加成本	0.133	−0.289*	−0.005	−0.047
	(0.191)	(0.168)	(0.147)	(0.148)
户主年龄	−0.025	−0.004	−0.001	−0.001
	(0.017)	(0.020)	(0.015)	(0.017)

（续）

变量名	因变量			
	施用农家肥	秸秆还田	施用有机肥	深松耕地
受教育程度	0.159***	−0.009	0.031	0.062
	(0.061)	(0.047)	(0.041)	(0.055)
家庭劳动时间分配	−0.006	−0.096	−0.130	0.240
	(0.211)	(0.270)	(0.145)	(0.172)
是否为村干部	−0.006	−0.006	−0.001	−0.007
	(0.006)	(0.012)	(0.004)	(0.005)
家庭农业劳动力人数	0.024*	−0.005	−0.003	−0.009
	(0.013)	(0.011)	(0.011)	(0.011)
农忙时务农劳动价格	−0.467*	−0.009	−0.013	−0.276
	(0.278)	(0.394)	(0.244)	(0.244)
农户种植经验	0.421	0.084	0.276	0.148
	(0.257)	(0.291)	(0.247)	(0.262)
常数项	−2.011	−0.199	−0.486	−1.429
	(1.501)	(2.587)	(1.342)	(1.468)
对数似然值	−191.08			
Wald chi2	257.59***			

注：①*、**、*** 分别表示在10%、5%和1%的水平下显著；②括号内为标准误。

第三节　本章小结

耕地质量保护是实现藏粮于地和筑牢农业生产根基的重要途径。农户是耕地质量保护的微观基础，不同土地经营规模农户的家庭资源禀赋存在差异，其农业生产行为方式和对不同耕地质量保护措施的反应也会不同，了解其需求，注重其差异，是在尊重农民意愿基础上推进耕地质量保护亟须回答的现实问题。本部分利用2018年江苏省的农户微观调查数据，采用Mvprobit模型，定量研究了效益预期、土地细碎化和农地流转对农户耕地质量保护意愿和行为选择的影响。得出以下结论：

第一，效益预期对农户耕地休养意愿具有重要影响，效益预期中的产量提高预期和农产品品质提升预期对农户耕地休养意愿具有促进作用。第二，农户秸秆还田的产量提高预期和农产品品质提升预期会增加其采用概率，施用有机肥的农产品品质提升预期和深松耕地的产量提高预期均会显著提高采纳概率，农家肥施用的成本增加预期则会降低其采用概率。第三，土地细碎化会显著降低农户的耕地休养意愿，地块面积是影响农户是否采用秸秆还田、施用有机肥和施用农家肥的重要因素，地块离家远近是影响农户是否进行深松耕地的重要因素，同时地块数增多也会显著降低农户的秸秆还田意愿。第四，农地流转可以促进农户进行耕地休养，土地转入面积越大，农户耕地休养的意愿越高。第五，转入地的来源对农户耕地休养意愿和行为有显著影响，转入地为外村会显著降低农户进行耕地休养的意愿和行为的概率。

第九章　农户耕地撂荒行为研究
——基于农业社会化服务视角

第一节　问题的提出

新型工业化和城镇化的快速推进促使中国农村劳动力大量脱离农业，务农机会成本攀升和农业比较收益下降带来耕地撂荒的现象突出，已引起学术界和实务界的广泛关注。2004—2017年，我国耕地撂荒面积在15万~20万平方公里，占耕地总面积的15%左右。2015年全国山区耕地撂荒率为14.3%，78.3%的村庄出现耕地撂荒。根据国家地理信息公共服务平台天地图（https://zhfw.tianditu.gov.cn）截取的2017年高分影像底图形成的全国耕地撂荒数据显示，2017年全国95%的县存在耕地撂荒现象，撂荒率超过10%的县占全国总数的30.23%。在开放的农业国际环境下，土地的小规模分散经营和先进农业技术使用率低，势必会对我国耕地撂荒产生直接影响。当前，我国小农生产的基本面仍未改变，土地细碎化经营依旧。截至2019年底，全国家庭承包耕地流转面积3 700万公顷，占家庭总承包耕地面积的约40.1%[①]，农地流转率依然不高。经营耕地10亩以下的农户数仍有2.1亿户。此外，从滞留在农村的劳动力结构来看，老龄化和女性化趋势明显，知识储备和专业素质等方面的劣势使其难以驾驭现代生产技术和先进机械设备。

农业社会化服务组织拥有资本、技术和管理等现代生产要素，可介入农户农业生产的整地、播种、插秧、施肥和施药等不同环节，具有化解农户因

---

① 数据来自《中国农业年鉴》（2018、2020年）的"农业政策与措施"内容部分。

劳动力短缺、资本和技术不足等对耕地撂荒影响的潜在比较优势。2021 年 7 月农业农村部出台《关于统筹利用撂荒地促进农业生产发展的指导意见》，指出"要培育社会化服务组织，为外出务工和无力耕种的农户提供全程托管服务"。截至 2020 年底，全国农业社会化服务组织数量超过 90 万个，农业生产托管服务面积超 16 亿亩，服务粮食作物面积超 9 亿亩，带动小农户 7 000 多万户[①]。全国农业生产性服务业市场规模已超过 2 000 亿元[②]。

据此，本部分首先从理论层面直接阐述农业社会化服务对农户耕地撂荒的作用机理，进一步在考虑模型内生性和不同地区之间异质性的基础上，利用覆盖全国大范围的中国家庭大数据库数据，定量估计农业社会化服务对耕地撂荒的影响效果，并从不同方面分析估计结果的稳健性，最后对其作用机制进行检验。

第二节　理论分析与模型构建

一、理论推演

本部分参照罗必良等（2019）的分析框架，假设农户耕地总面积为 $\overline{A} = A + E$，其中，A 为正在经营的面积，E 为耕地撂荒面积，共有 n 块地，有 t 块土地购买了全程的农业社会化服务，农业社会化服务量为 S。假定农户以家庭总收益最大化为目标，其目标函数如下：

$$\max Y = P_Y \times \left[(n-t)\left(\frac{L}{n-t}\right)^{\alpha}\left(\frac{A}{n-t}\right)^{\beta} + t\left(\frac{S}{t}\right)^{\alpha}\left(\frac{A}{t}\right)^{\beta} \right] + \\ w \times (\overline{L} - L) - P_S \times S - (n-t) \times Lc \quad (9-1)$$

式中，Y 代表家庭收益；α、β 代表劳动和资本对产出的贡献；P_Y 为农产品价格，假定农户是价格的被动接受者；P_S 为农业社会化服务的价格；$\overline{L}$ 为家庭总劳动力；L 为务农劳动力；w 为非农工资水平；c 为每单位劳动

---

① 数据来自中国政府网站（http：//www.gov.cn/xinwen/2021 - 02/08/content _ 5585835. htm）。

② 数据来自：张红宇．农业生产性服务解种地难题［N］．人民日报，2020 - 05 - 08．

力的务农交易费用[①]。为便于比较分析，本部分假定每个地块面积相等且同质，$\frac{L}{t}$ 和 $\frac{A}{t}$ 分别代表每块地的劳动力投入和土地投入，$(n-t)\left(\frac{L}{n-t}\right)^{\alpha}\left(\frac{A}{n-t}\right)^{\beta}$ 为农户全程参与生产的农业总产出，$t\left(\frac{S}{t}\right)^{\alpha}\left(\frac{A}{t}\right)^{\beta}$ 为参与社会化服务地块的农业总产出，并假定 $\alpha+\beta=1$，即农业生产规模报酬不变。根据最优化问题求解，可以得出最优的农业劳动力和农地投入，等式如下：

$$\frac{\partial Y}{\partial L}=P_{Y}\alpha L^{\alpha-1}A^{\beta}-w-(n-t)c \qquad (9-2)$$

$$\frac{\partial Y}{\partial A}=P_{Y}\beta L^{\alpha}A^{\beta-1}+\beta S^{\alpha}A^{\beta-1} \qquad (9-3)$$

根据式（9-2）的最优化求解可知，在务农时的劳动力边际收益和务农的边际机会成本相等时农户决定其最优的农业劳动力投入。首先，在不考虑农户往来于不同地块之间的交易费用时，由图 9-1（a）可知，农户会根据农业劳动边际收益 $MRL=w$ 决定最优的农业投入量 L_0，其对应的土地边际收益为 $MRA(L_0)$（图 9-1（b）），此时土地投入量为 A_0，耕地撂荒面积为 $E_0=\overline{A}-A_0$。进一步，考虑农业劳动力在往返于不同地块之间的交易成本时，当不存在农业社会化服务市场时，农户来往于不同地块之间会产生交易成本 nc，根据 $MRL=w+nc$，农户决定的最优农业劳动投入量为 L_1，由于 $nc>0$，由图 9-1（a）可知，最优农业劳动投入量下降到 L_1，且满足 $L_1<L_0$。农业劳动投入减少会加剧土地粗放经营，引致土地边际收益由 $MRA(L_0)$ 下降到 $MRA(L_1)$，并与横轴交于 A_1 点，此时耕地撂荒面积变为 $E_1=\overline{A}-A_1$，由于 $A_1<A_0$，所以 $E_1>E_0$，导致撂荒面积增多。引入农业社会化服务市场后，因农业社会化服务可介入农业生产，农户通过购买农业社会化服务，直接参与农业生产的地块数减少，亦可缓解其面临的劳动短缺、农机和农业新技术等对农业生产的约束，导致农业生产的交易费用降低 tc。此时，农户在 $P_{Y}\alpha L^{\alpha-1}A^{\beta}=w+(n-t)c$ 条件下决定最优的农业劳动力投入量变为 L_2，由于 $tc>0$，$L_2>L_1$。农户购买农业社会化服务后会带来土地边际收益提高

---

① 土地细碎化导致地块分散和离家距离不一致，农户来往于不同地块之间会产生交易成本（如，时间成本），且地块数越多，农户在地块耕作方面的交易成本越大。

到 MRA（L_2），介于 MRA（L_0）和 MRA（L_1）之间，并与横轴交于 A_2 点，此时撂荒面积 $E_2=\overline{A}-A_2$，由于 $A_2>A_1$，所以 $E_2<E_1$，撂荒面积减少。

由式（9-3）可知，农户购买农业社会化服务后的土地边际收益（$P_Y\beta L^\alpha A^{\beta-1}+\beta S^\alpha A^{\beta-1}$）大于农户未购买农业社会化服务时的土地边际收益（$P_Y\beta L^\alpha A^{\beta-1}$）。并且，在考虑农业生产交易成本时，农户购买农业社会化服务后的土地投入面积（A_2）大于未购买农业社会化服务后的土地投入面积（A_1）。因此，通过经济理论推演可知，农户购买农业社会化服务能减少耕地撂荒，实际情况则需要对农户层面的微观数据进行定量检验。

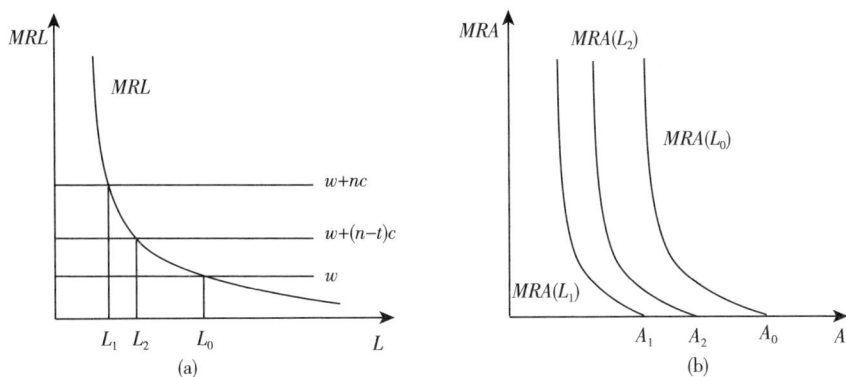

图 9-1 农业社会化服务与耕地撂荒

二、模型构建

为定量估计农业社会化服务对耕地撂荒的影响效果，本部分构建如下计量模型：

$$Land_i=\alpha+\beta\times OS_i+\gamma\times X_i+\varepsilon_i \qquad (9-4)$$

式中，$Land_i$ 为反映农户耕地撂荒行为的因变量，包括农户耕地是否撂荒、撂荒面积和撂荒比例；OS_i 为农户购买农业社会化服务的变量；X_i 是影响农户耕地撂荒的控制变量；α、β、γ 为待估系数；ε_i 为随机误差项。

理论上，农户是否购买农业社会化服务是一个"自选择"的问题，即购买农业社会化服务的农户往往是耕地未撂荒或者耕地撂荒面积较少的群体。因此，自选择会带来模型的内生性问题，造成估计结果偏误。为尽可能消除内生性的问题，本部分选取"本村除了该户外其他农户的农业社会化服务平均水平"作为工具变量。因此，当 $Land_i$ 取值反映农户是否耕地撂荒时，采用 Ivprobit 模型进行实证分析；当 $Land_i$ 取值为农户耕地撂荒比例或面积时，采用 Ivtobit 模型来解决零处截尾问题。

此外，分析农户购买农业社会化服务对耕地撂荒影响效果的理想方式是比较同一个农户"购买"和"不购买"下耕地撂荒行为的差异。然而，该数据缺少一种非实际状态，导致数据无法获取，需要构建一个反事实的因果状态。本部分将进一步采用倾向得分匹配（PSM）方法来处理样本的自选择问题，以验证估计结果的稳健性，倾向得分通过如下 Logit 模型估计得出，模型如下：

$$P_{OS}(X_i)=prob(OS=1\,|\,X_i)=\frac{\exp(\beta X_i)}{1+\exp(\beta X_i)} \qquad (9-5)$$

式中，$P_{OS}(X_i)$ 为农业社会化服务的倾向得分值；OS 是处理变量，如果农户购买了农业社会化服务，则 $OS=1$，反之为 0。X_i 为选择的匹配变量，获得倾向得分后，就可以利用不同匹配方法得到农业社会化服务对耕地撂荒影响的平均处理效应（ATT）：

$$ATT=E\{[Y_{1i}|OS=1,P_{OS}(X_i)]-E[Y_{0i}|OS=0,P_{OS}(X_i)]\}$$
$$(9-6)$$

式中，Y_{1i}、Y_{0i} 分别表示同一农户在实验组和对照组两种情形下的输出结果。

第三节　数据来源与特征事实

一、数据来源

本部分数据来源于浙江大学 2017 年首次公开的中国家庭大数据库，数据包含 2011 年、2013 年、2015 年、2017 年间的 4 轮中国农村家庭调查数据，其中 2011 年、2013 年、2015 年和 2017 年调研农村家庭户数依次为 5 120 户、16 511 户、22 535 户和 24 764 户。调查内容涉及中国农村家庭比较完整的信息，包括家庭的基本结构、就业、收支、农业生产经营、土地利用与流转、社会保障、教育等各个方面。需要说明的是：第一，考虑到农户耕地撂荒数据仅在 2017 年问卷中涉及，因此，本部分采用 2017 年数据进行实证分析。第二，在数据处理中，我们对户主个人特征、个人生活保障、农户家庭特征以及土地特征等数据变量缺失或者记录为"不知道"的样本进行了删除。第三，调研样本中，有部分家庭虽然户籍在农村，但实际并没有从事农业生产经营活动，我们对这部分样本也进行了剔除。通过整理，本部分共获得了 9 419 户有效样本。调查样本能较好地反映全国耕地撂荒和农业社会化服务的情况。

二、变量选取

（1）因变量。选取农户耕地是否撂荒、实际耕地撂荒面积和撂荒比例为因变量。

（2）核心解释变量。用"租赁农用机械以及农用运输车辆花了多少钱"来表征农户购买农业社会化服务的水平。

（3）其他控制变量。农户家庭特征和土地特征也会对耕地撂荒产生影响。首先，根据已有研究的主要做法，本部分选择户主年龄、受教育程度、身体健康状况和性别等作为家庭特征变量；选取地块数和土地经营面积来反映农户的土地经营特征。其次，不同村庄在地理位置、交通条件和农业生产习惯方面会存在差异，这些不可观测因素也会对农户耕地撂荒行为产生影响，本部分选取村庄离最近快递点的距离、村里农作物机械收割的比例、村里的耕地撂荒比例和是否为贫困村来反映村庄特征。不同省份之间的一些不可观测因素也会影响农户耕地撂荒行为，本部分在模型中还加入了省份虚拟变量予以控制。所有相关变量的说明与描述性统计详见表 9-1。

表 9-1　变量及其描述性统计

变量	变量说明	均值	标准差
是否撂荒	1＝是；0＝否	0.120	0.325
撂荒比例	撂荒面积/承包地面积	0.034	0.135
撂荒面积	实际耕地撂荒面积（亩）	0.208	1.363
社会化服务	是否购买农机服务？1＝是；0＝否	0.422	0.494
社会化服务金额	支付农机服务的金额（百元）	6.332	22.217
年龄	户主年龄（岁）	56.614	11.759
性别	1＝男；0＝女	0.903	0.296

（续）

变量	变量说明	均值	标准差
教育	户主受教育程度（年）	2.494	0.952
家庭人口数	家庭总人口（人）	3.644	1.766
非农转移比	1－（农业劳动力人数/家庭总劳动力人数）	0.390	0.357
健康状况	1＝非常好；2＝好；3＝一般；4＝不好；5＝非常不好	2.883	1.065
土地经营规模	土地经营面积（亩）	9.529	21.339
地块数	地块数（块）	5.092	5.800
贫困村	1＝是；0＝否	0.307	0.440
村最近快递点距离	快递点到村委会的距离（公里）	5.429	6.878
村机械收获比	村耕地机械收获比例（%）	64.450	32.618
村摞荒比例	本村耕地摞荒面积/村耕地总面积	0.047	0.116
转入面积	亩	2.151	15.276
转出面积	亩	0.812	3.043
是否转入土地	1＝是；0＝否	0.132	0.339
是否转出土地	1＝是；0＝否	0.178	0.382

注：作者根据数据整理计算得出。

样本地区户均承包地的摞荒面积比例为 3.4%，按全国 18 亿亩耕地面积计算，约有 6 000 多万亩耕地被摞荒。购买农机服务的农户占比为 42.2%，平均每户支付的农业社会化服务金额为 633.2 元。户均土地经营规模为 9.529 亩，地块数为 5.092 块，土地细碎化较为严重。仅有 13.2% 的农户存在转入土地的行为，17.8% 的农户存在转出土地的行为，样本范围内的农地流转率较低。耕地机械收获的比例为 64.45%。快递点距离村委会平均距离约 5.429 公里，快递进农村的比例较低。户主平均年龄为 56.614 岁，受教育程度较低。家庭平均人口数为 3.644 人，农业劳动力非农转移比例为 39%。

三、特征事实

根据对样本数据的统计分析可知（表 9-2），不同地区的耕地摞荒程度差异较大。西部地区耕地摞荒比例最大，中部地区摞荒比例最小。主要原因是，近年来西部地区经济发展较快导致农业劳动力外出务工增多，务农机会成本增大，加之地形气候等不宜耕种原因，耕地摞荒较多。中部地区多数为我国粮食主产区，农业劳动力兼业较多，追求农业收益和非农就业收益的总收益最大是最优目标。此外，粮食主产区正大力推动的高标准农田建设和农地流转也一定程度上抑制了耕地撂荒。东部地区经济发展水平高导致务农机会成本高，耕地的非粮化和非农化较为严重，真正撂荒的耕地反而相对较少。从农业社会化服务来看，中部地区农户购买农业社会化服务的较多，主要原因是粮食作物具有易于机械作业的特点；东部地区多以种植经济作物为主，这类作物属于劳动密集型作物且不便于农机作业，农户购买农业机械化服务的也相对较少。

表9-2　农业社会化服务与耕地撂荒的特征事实

变量	全国	主产区	东部	中部	西部
是否撂荒	0.121	0.097	0.129	0.086	0.157
撂荒比例（%）	3.400	2.400	3.200	2.400	5.200
撂荒面积（亩）	0.208	0.130	0.124	0.194	0.336
是否购买社会化服务	0.422	0.451	0.387	0.540	0.297
社会化服务金额（百元）	6.332	7.683	4.701	9.629	3.776
样本量	9 419	5 073	3 316	3 590	2 513

注：撂荒比例＝撂荒面积/承包地面积。

由图9-2可知，农业社会化服务金额和耕地撂荒之间呈现明显的反向关系，农户购买农业社会化服务水平越高，耕地撂荒越低。农业社会化服务可能是导致耕地撂荒较少的一个重要原因。分不同地区来看，中部地区农户

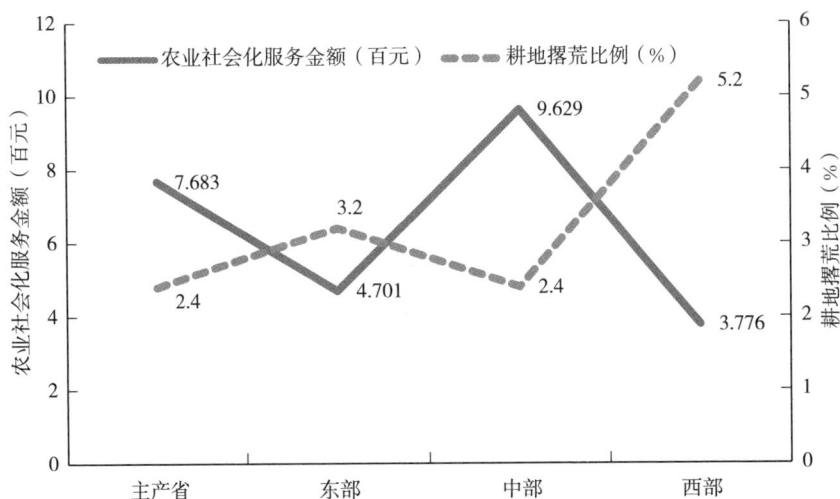

图9-2　样本地区农业社会化服务与耕地撂荒的关系

购买农业社会化服务最多，耕地撂荒比例最低；西部地区农户购买农业社会化服务最少，耕地撂荒比例最高。

第四节　结果分析

一、农业社会化服务对耕地撂荒影响的估计结果

本部分利用 Stata15.0 软件定量估计农业社会化服务对农户耕地是否撂荒、耕地撂荒面积和撂荒比例的影响效果，为尽可能地消除模型内生性问题，本部分利用工具变量法进行估计（表 9-3），弱工具变量检验的 F 值均大于经验值 10，说明不存在弱工具变量问题。内生性检验显示农业社会化服务变量具有内生性。

表 9-3　农业社会化服务对耕地撂荒影响的估计结果

解释变量	是否撂荒		撂荒面积	撂荒比例
	Probit	Ivprobit	Ivtobit	Ivtobit
农业社会化服务金额	-0.002***	-0.001***	-0.005*	-0.063***
	(0.001)	(0.018)	(0.003)	(0.016)
年龄	-0.006***	-0.013	-0.028	0.008
	(0.002)	(0.017)	(0.101)	(0.013)
年龄×年龄	0.000***	0.000	0.000	-0.000
	(0.000)	(0.000)	(0.001)	(0.000)
性别	-0.026***	-0.159*	-0.292	-0.069
	(0.010)	(0.087)	(0.495)	(0.068)
教育	-0.000	0.048	0.025	0.053**
	(0.003)	(0.031)	(0.166)	(0.025)
健康	0.007**	0.055**	0.092	0.035*
	(0.003)	(0.026)	(0.159)	(0.021)
土地经营规模	-0.005***	0.011	-0.259***	-0.029***
	(0.001)	(0.009)	(0.093)	(0.009)
地块数	0.005***	0.020***	0.268***	0.022***
	(0.001)	(0.005)	(0.036)	(0.004)
家庭总人口	-0.009***	-0.050***	-0.112	-0.008
	(0.002)	(0.017)	(0.096)	(0.013)

（续）

解释变量	是否撂荒		撂荒面积	撂荒比例
	Probit	Ivprobit	Ivtobit	Ivtobit
非农转移比例	0.109***	0.491***	0.190	0.131*
	(0.009)	(0.085)	(0.482)	(0.068)
快递点离村的距离	0.001**	−0.002	0.003	0.001
	(0.000)	(0.004)	(0.021)	(0.003)
村机械收获比	0.000	−0.002*	0.005	−0.002**
	(0.000)	(0.001)	(0.005)	(0.001)
村级撂荒比例	0.191***	1.062***	3.099***	0.754***
	(0.022)	(0.220)	(0.898)	(0.161)
困难村	0.027***	0.104*	0.275	0.129***
	(0.007)	(0.062)	(0.376)	(0.048)
省级虚拟变量	已控制	已控制	已控制	已控制
弱工具变量检验		64.38	64.38	64.38
外生性检验		Wald=34.69***	Wald=15.86***	Wald=15.91***

注：①*、**、***分别表示在10%、5%和1%的水平下显著，以下同。②括号内为稳健标准误。

由表9-3可知，农业社会化服务金额对农户是否耕地撂荒、耕地撂荒面积和撂荒比例的影响均显著为负，说明农户购买农业社会化服务之后，可有效减少耕地撂荒的概率和面积，购买的农业社会化服务水平越高，耕地撂荒的可能性越低。农业生产需在广袤的田地上进行，具有决策时间上高度的统一性和空间上的分散性，要求不误农时。农作物的自然生长规律决定了其所需的农业生产时间往往就集中在几天时间且需多次户外劳作，导致农忙时节雇工难且工资高。农业社会化服务本质上是劳动分工深化的结果，当不存在农业社会化服务市场时，随着非农工资上涨，劳动力务农机会成本持续攀升，部分农户会因农业种植比较收益低而选择撂荒耕地。随着劳动分工程度加深，拥有资本、技术和管理等现代生产要素的农业社会化服务组织，可介入农户农业生产的整地、播种、插秧、施肥和施药等不同环节。此外，农业机械的资产专用性强，每家每户购买农机既不可能，也不经济。农户通过购买不同环节的农业社会化服务，可替代自身购买农机，缓解资金和技术约束，降低农业生产成本，进而减少耕地撂荒。进一步，粮食作物具有易于机械化作业的特点，而整地、播种和收割易于机械化操作且服务效果易观察，农户购买此类农业社会化服务能较好地获取粮食生产的规模经济效益，并降低农业生产成本。根据我们在江苏的农户调查，购买整地和收割服务的农户数占比分别达到85％和95％，且亩均农机服务费用平均约为100～150元，半天或1天时间就可完成小规模农户的整地、播种或收割作业。相比于雇工、自我劳动投入和购买农机，购买农机服务具有低成本的比较优势，通过购买农机服务可降低农忙时节劳动力约束和农机约束对粮食生产的负面影响，对抑制耕地撂荒具有积极效果。

地块数对农户是否撂荒耕地、撂荒面积和撂荒比例的影响均显著为正，地块数越多，农业劳动力和农机使用的约束会越强，土地细碎化经营的成本高且效益低，农户种粮积极性下降，耕地撂荒增多。此外，由于农作物的自然生长特征和土地空间位置上的不可移动性，农业社会化服务的供给成本和服务规模等均会受到土地细碎化的约束。地块数越多意味着地块越分散，地块面积越小，农业社会化服务的供给成本将会增多。出于成本收益考虑，农业社会化服务组织也会选择在家庭地块数较少、服务供给成本较低的较大地块上提供服务。土地经营规模越大，农户对农业经营收入更重视，对农作物产量的波动会越敏感，选择购买农业社会化服务来缓解劳动力和技术约束的概率会更高，耕地撂荒也会随之减少。劳动力非农转移比例越高，农业收入占家庭总收入份额越少，特别是对非农工作较为稳定的家庭，农业生产的不误农时特征会降低劳动力的兼业倾向，导致农户耕地撂荒的概率和撂荒比例提高。农业劳动力身体健康越差，户外劳作时间越难保证，距家较远的耕地被撂荒的可能性也会增大。

村级耕地撂荒比例会对农户是否撂荒耕地产生重要影响。农业生产需要一定的集体行动，当农户相邻或周边的地块均撂荒时，灌溉和田间道路等均会变得更难从而会导致种粮成本上升，撂荒地相邻地块被撂荒的概率也会增多。困难村会增加农户耕地撂荒的概率和撂荒比例。我国绝大多数困难村都处于偏离城市较远的地区，交通基础设施较差，农业机械无法大面积普及，农业经营效益低会导致耕地撂荒增多。农业劳动力老龄化也会引致农户耕地撂荒的可能性增多。

二、异质性分析

考虑到不同地区土地、劳动和资本等要素市场发展水平很不相同，不同地区的农业生产条件、家庭劳动力禀赋、农业社会化服务发展水平和耕地撂荒也存在显著差异。本部分进一步将样本细分为东、中、西和粮食主产区进行分析。表9-4表明，农业社会化服务对东部、中部和粮食主产区农户耕地是否撂荒的影响显著为负，而对农户耕地撂荒面积和撂荒比例的影响仅在中部和粮食主产区显著为负。可能原因如下：东部地区劳动力务农机会成本高，而农业社会化服务能帮助农户克服劳动力短缺、资本和现代农业技术装备不足等方面的困难，一定程度上能抑制农户耕地撂荒。并且，东部地区耕地条件较好，耕地非粮化和非农化较多，实际耕地撂荒的面积会相对较少。中部地区多数为我国粮食主产区，劳动力兼业较多，追求农业收益和非农就业收益的总收益最大是最优目标。并且，粮食作物具有易于机械作业的特点，农户购买农机服务能够较好地获取粮食生产的规模经济效益，进而能较好地抑制耕地撂荒。西部地区农业劳动力非农转移较多，加之因地形、土壤、气候环境等不宜耕种原因，农业社会化服务的供给成本和种粮成本高，耕地撂荒相对较多。

地块数对东部、中部和粮食主产区的农户耕地是否撂荒、撂荒比例和撂荒面积的影响均显著为正。耕地细碎分散会增强农业劳动力和农业机械对农业生产的约束，会增加种粮成本，并降低农户的种粮积极性，引致农户撂荒耕地。总体看来，表9-4的估计结果和全样本下的估计结果基本一致，能较好地验证本部分的研究结果。

三、稳健性分析

（1）稳健性检验一：替换关键解释变量。替换变量法是解决内生性问题的一种方法。为检验估计结果的稳健性，本部分进一步使用样本地区农户所在县和省的农业社会化服务水平作为代理变量进行稳健性回归。由表9-5可知，农户所在县的农业社会化服务水平对农户耕地是否撂荒、耕地撂荒的比例和撂荒面积的影响均在1%水平下显著为负，即县级农业社会化服务水平越高，农户耕地撂荒越少。在粮食主产区、中部和西部地区，县级社会化服务水平对农户耕地是否撂荒、撂荒比例和撂荒面积均存在显著的负向影响。农户所在省的农业社会化服务水平对农户耕地是否撂荒和撂荒比例的影响显著为负，即农户所在省的农业社会化服务发展水平越高，耕地撂荒的可

表9-4 农业社会化服务对耕地撂荒影响的估计结果（分地区）

解释变量	是否撂荒				撂荒比例				撂荒面积			
	东部	中部	西部	主产区	东部	中部	西部	主产区	东部	中部	西部	主产区
农业社会化服务金额	-0.071***	-0.128***	-1.194	-0.083***	-0.025	-0.109***	-0.400	-0.065***	-0.121	-1.244***	-3.229	-0.554***
	(0.020)	(0.038)	(5.51)	(0.021)	(0.022)	(0.031)	(1.875)	(0.024)	(0.099)	(0.380)	(15.162)	(0.210)
地块数	0.051***	0.053***	-0.508	0.025***	0.059***	0.036***	-0.161	0.028***	0.268***	0.408***	-1.285	0.214***
	(0.008)	(0.012)	(2.453)	(0.007)	(0.008)	(0.010)	(0.835)	(0.006)	(0.036)	(0.114)	(6.750)	(0.530)
样本量	3 316	3 590	2 513	5 073	3 316	3 590	2 513	5 073	3 316	3 590	2 513	5 073

注：①括号内为稳健标准误；②表9-4和表9-3具有相同的控制变量，由于篇幅原因，此处仅列出农业社会化服务的回归系数。如需完整回归结果，可向作者索取。

能性会越低。在粮食主产区和西部地区，省级农业社会化服务水平对农户耕地是否撂荒、撂荒比例和撂荒面积的影响同样显著为负。替换关键解释变量之后的估计结果也一定程度上检验了本部分研究结果的稳健性。

表9-5　农业社会化服务对耕地撂荒影响的估计结果（替换关键解释变量）

解释变量	地区	是否撂荒		撂荒比例		撂荒面积	
		系数	标准误	系数	标准误	系数	标准误
		Probit		Tobit		Tobit	
县级社会化服务水平	全国	−0.038***	0.008	−0.026***	0.005	−0.027***	0.043
	主产区	−0.035***	0.011	−0.039***	0.009	−0.316***	0.078
	中部	−0.042***	0.015	−0.048***	0.010	−0.524***	0.128
	东部	−0.024**	0.012	−0.011	0.011	−0.050	0.049
	西部	−0.034**	0.015	−0.013*	0.007	−0.097*	0.056
省级社会化服务水平	全国	−0.194***	0.052	−0.076*	0.044	−0.454	0.381
	主产区	−0.084***	0.019	0.085***	0.020	−0.740***	0.184
	中部	−0.046	0.038	−0.007	0.033	−0.069	0.414
	东部	−0.125	0.094	−0.022	0.091	0.139	0.425
	西部	−0.173***	0.041	−0.116***	0.032	−0.759***	0.249

注：表9-5和表9-3具有相同的控制变量，由于篇幅原因，此处仅列出农业社会化服务的回归系数，如需完整回归结果，可向作者索取。

（2）稳健性检验二：倾向得分匹配（PSM）方法。PSM方法也是解决内生性问题的有效方法。由表9-6可知，采用4种不同匹配方法得到的 *ATT* 值均为负，都通过了1‰水平下的显著性检验且结果相近，说明农业社会化服务能有效减少耕地撂荒，进一步验证了估计结果的稳健性。

表9-6　农业社会化服务对耕地撂荒影响的估计结果

匹配方法	实验组	对照组	*ATT*	S.E	T-stat
最近邻匹配	0.061	0.104	−0.043	0.008	−5.14***
卡尺匹配	0.061	0.106	−0.045	0.009	−4.76***
核匹配	0.061	0.103	−0.042	0.008	−5.50***
局部线性匹配	0.061	0.103	−0.042	0.009	−4.42***

注：近邻匹配的标准为邻近3个单位；卡尺匹配是基于一对四匹配进行，通过计算，将卡尺范围确定为0.06；核匹配使用默认宽带0.06。

四、机制检验

（1）机制分析。不论是土地经营规模户抑或是小农户，在时间、农机装备和农业技术水平等约束下，将农业生产中的部分环节交给农业社会化服务组织，可缓解其面临的劳动力短缺、资金和技术约束，实现农业生产要素的重新配置，引发农村土地流转市场的供需变化，对耕地摞荒产生影响（图9-3）。

第一，农业社会化服务对土地经营规模户①转入土地的作用机制。土地经营规模户通过土地转入实现规模经营，随着土地经营面积的扩大，其面临的劳动力、技术、管理和资金约束增强，其生产过程会越来越依赖于农业社会化服务组织。首先，农业社会化服务组织可为农户提供农业雇工服务或农机租赁服务，可提高规模户转入土地的需求，并能缓解资金和技术约束，促进农户转入土地。其次，农业机械资产专用性强，农业社会化服务组织使农户便利地获得了农机，节省了自行购买农业机械所需的大量资金。再次，限于公共农技推广为有限资源，大多数规模户难以直接获得农业技术支持，农业社会化服务组织已逐渐成为农业技术推广的主力军，将农业现代技术或现代装备引入农业生产过程，可缓解规模户的技术约束，有利于促进规模户转入土地。

第二，农业社会化服务对小农户转出土地的作用机制。农户是否选择转出土地或者摞荒土地，取决于经营土地的成本和收益。小农户议价能力普遍较弱，对接市场相对较为困难，购买农业社会化服务之后，可降低获取外部资源的搜寻成本，也能促使其引入现代农业生产要素，成为改善农业生产经营的主体，一定程度上会提高小农户的土地需求，降低小农户的土地转出意愿。

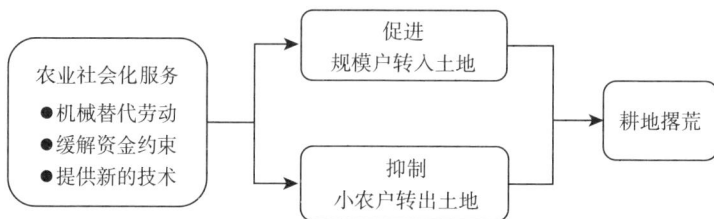

图9-3　农业社会化对耕地摞荒的影响机制

---

①　本部分中的规模户是指土地经营面积大于省平均土地经营规模面积的农户，反之则为小农户。

（2）模型构建。根据上文的机制分析，为进一步检验农业社会化服务对农户土地流转影响的微观作用机制，本部分构建如下计量经济模型予以实证分析：

$$Land\_trans_i = \alpha + \beta \times OS_i + \gamma \times X_i + \varepsilon_i \qquad (9-7)$$

式中，$Land\_trans_i$ 为反映农户土地流转行为的因变量；OS_i 为反映农业社会化服务的变量；X_i 是影响农户土地流转行为的控制变量，模型中也加入了省级层面随时间不变但因省级而异的不可观测因素；α、β、γ 为待估系数；ε_i 为随机误差项。

（3）估计结果。农户购买农业社会化服务和土地流转行为之间理论上是农户"自选择"的结果，模型可能存在内生性问题，导致估计结果偏误。为尽可能获取准确的估计结果，本部分采用倾向得分匹配方法（PSM）来消除模型内生性问题。由表9-7可知，模型共同支撑假设检验的 AUC 值接近0.5，满足倾向得分所要求的共同支撑假设检验；模型拟合检验的 AUC 值为 0.7 左右，拟合效果较好。

表9-7 农业社会化服务对不同规模农户耕地撂荒的影响

匹配方法	转入土地（规模户）			转出土地（小农户）		
	ATT	S.E	T-stat	ATT	S.E	T-stat
最近邻匹配	0.052	0.024	2.17**	−0.014	0.013	−1.08
卡尺匹配	0.046	0.017	2.78***	−0.014	0.013	−1.08
核匹配	0.052	0.024	2.17**	−0.002	0.013	−0.16
共同支撑假设检验	$AUC=0.4875$			$AUC=0.4959$		
模型拟合效果检验	$AUC=0.6596$			$AUC=0.7219$		

注：①最近邻匹配的标准为邻近1个单位；卡尺匹配是基于一对四匹配进行，通过计算，将卡尺范围确定为0.06；核匹配使用默认宽带0.06。

由表9-7可知，农业社会化服务对规模户的土地转入行为具有明显的促进作用，对小农户的土地转出行为并未产生明显影响。可能原因如下：现阶段，农业社会化服务最大的作用在于缓解农户农业生产经营的劳动力约束和技术约束，但这种作用可能更多是通过土地经营规模发挥的。规模户由于土地经营面积较大，面临的劳动力、资本和技术约束较强，农业社会化服务组织拥有的现代农业生产要素和先进农业技术，可缓解规模户的资本约束和技术约束，促进其转入土地。此外，由于土地空间位置上的不可移动性，农业社会化服务的服务供给成本、服务范围、服务规模和交易频率会受到土地细碎化的约束，为降低服务的供给成本，农业社会化服务组织也会更愿意为规模户提供服务。

第五节　本章小结

本部分从理论上阐述了农业社会化服务影响农户耕地撂荒的作用机理，利用浙江大学中国家庭大数据、工具变量法和 PSM 方法，定量研究了农业社会化服务对农户耕地撂荒的影响效果，从不同方面验证了估计结果的稳健性，并对其影响机制进行了实证检验。结论如下：第一，农业社会化服务能显著减少农户耕地撂荒，但这种作用存在地区异质性，在中部地区和粮食主产区明显，在东部和西部地区并不明显。第二，农业社会化服务对不同经营规模农户土地流转行为的影响存在差异，农户购买农业社会化服务水平的提高能促进规模户转入土地，但对抑制小农户转出土地的影响并不显著。

基于以上发现，本部分有以下三点启示：第一，农业生产不同环节的作业监督存在巨大差异，整地、播种、插秧和收割等环节的作业标准化程度高且服务效果易观察，而施肥和施药环节的标准化程度低且效果难以衡量，政府应进一步强化合同监管和加强价格监测、规范服务行为并提高作业标准化水平，以此提高农户对农业社会化服务的有效需求，进而减少耕地撂荒。第二，土地规模经营户和小农户的土地连片程度不同，导致农业社会化服务的作业成本不同。要提高小农户的生产组织化程度和集体行动意识，鼓励小农户联合连片购买农业社会化服务，降低农业社会化服务的作业成本。第三，政府要加强对田间道路和水利灌溉等地块基础设施建设的政策支持，努力实现零散耕地的集中连片经营，降低土地细碎化的约束效应，以此提升农业社会化服务组织的服务供给能力，降低农户农业经营成本，最终减少耕地撂荒。

第十章　结论与展望

第一节　研究结论

耕地休养不仅要"休耕"，还要注重"养护"。不同耕地休养措施存在不一样的替代或互补关系，如种植绿肥、施用农家肥等具有劳动（相对）密集型性质的特点；商品有机肥、测土配方施肥等具有资本（相对）密集型性质的特点。农户是实现耕地休养的微观基础，直接决定了耕地休养的质量。农户是否参与或采取耕地休养措施，受家庭资源禀赋、时间偏好和外在市场环境等的影响。从此背景出发，本书首先从总体上描述和归纳当前中国农户耕地休养的基本现状、特征和趋势。其次，在土地和劳动力市场快速发展的背景下，建立理论模型，利用经济计量方法，科学分析农户休耕地养护的行为特征及其决定性因素。再次，利用农户微观调查数据和经济计量模型，定量研究地权稳定对农户施用有机肥的影响及其依存条件，以及农户的环境认知和非农就业对不同土地经营规模农户的秸秆还田和耕地重金属污染治理意愿的影响效果。最后，从土地细碎化、农地流转和效益预期角度，分析其对农户不同耕地质量保护行为选择的影响。主要结论如下：

（1）耕地休养不仅要"休耕"，还需注重休耕地的"养护"，休耕规模扩大有利于提高农户对休耕地养护的概率。丘陵山区应该大力鼓励相邻地块的流转整合，扩大地块面积，更大程度地实现地块规模经济，降低单个地块的耕地养护成本。此外，耕地休养不应强行自上而下实施，应在充分尊重农民意愿基础上，提高农民参与耕地休养的积极性，提高耕地休养的实施效果和减少执行成本。

（2）现阶段多数农户认为耕地重金属污染的主要责任在政府，农户自身的主体责任意识较弱，耕地重金属污染治理意愿普遍不高。丘陵地区农户的非农收入增加并不会显著提高其耕地重金属污染的治理意愿。此外，耕地重金属污染的环境认知和农户耕地重金属污染治理意愿之间具有紧密关系，农户的环境认知能力越高，其治理耕地重金属污染的意愿越强。

（3）地权稳定能激励农户有机肥施用，但其作用效果会受到农户的种粮目的和经营规模影响。现阶段，农户种粮外销并不利于农户施用有机肥，反而会降低地权稳定对农户有机肥施用的正向促进作用，农户土地经营规模的扩大会增强地权稳定对农户有机肥施用的正向促进作用。

（4）农作物秸秆还田不仅需要从技术层面上考虑，也需要从农户的资源禀赋出发，了解农户的环境认知情况。农户秸秆还田的环境认知和秸秆还田意愿之间存在紧密关系，农户的环境认知能力越强，越有利于秸秆还田，秸秆资源化利用也会越强。相比于农户土地经营规模，地块规模是影响农户秸秆还田意愿的重要因素，平均地块规模越大，农户选择秸秆还田的意愿会越强。农作物秸秆还田的成本是土地经营规模农户考虑是否进行秸秆还田的重要因素。

（5）效益预期对农户耕地休养的意愿具有重要影响，效益预期中的产量提高预期和农产品品质提升预期对农户耕地休养意愿具有促进作用。农户秸秆还田的产量提高预期和农产品品质提升预期会增加其采用概率，施用有机肥的农产品品质提升预期和深松耕地的产量提高预期均会显著提高采纳概率，农家肥施用的成本增加预期则会降低其采用概率。此外，土地细碎化会显著降低农户的耕地休养意愿，平均地块面积是影响农户是否进行秸秆还田、施用有机肥和施用农家肥的重要因素，地块离家远近是影响农户是否进行深松耕地的重要因素，地块数增多也会显著降低农户进行秸秆还田的概率。农地流转可以促进农户进行耕地休养，土地转入面积越大，农户进行耕地休养的意愿越高。

（6）农业社会化服务能显著减少耕地撂荒，但这种作用主要在我国粮食主产区和中部地区较为明显。农业社会化服务能促进土地规模经营户转入土地，但没有证据表明其对小农户转出土地有显著抑制效应。中国应大力推动和支持农业社会化服务组织发展，降低服务作业的成本，健全服务标准和强化合同监管，以便更好地发挥其对减少耕地撂荒的促进作用。此外，鼓励小农户连片作业外包，增强农业集体行动对提升农户社会化服务供给能力的作用，最终减少耕地撂荒。

第二节 研究展望

诚然，限于作者研究能力有限，农户耕地休养行为的相关领域还仍然存在很多问题值得探索。

（1）价格决定着要素流动方向，随着农业强国和乡村振兴的快速推进，从事农业生产的相对报酬水平将会不断提高，加之政策对回乡创业的大力支持，原先从事非农活动的劳动力可能重新回到农业生产中，这种劳动力回流对农地和农户耕地休养行为也会产生一定影响。

（2）当前农业社会化服务快速发展，已成为弥补农业劳动力短缺和小规模分散经营对农业生产负面影响的重要途径之一，在农业生产中发挥着越来越重要的作用。农业社会化服务的快速发展会影响这类农户的要素投入，特别是不同类型的农业社会化服务组织的服务供给能力差异，会带来差异化的要素投入，最终影响耕地利用。因此，农业生产组织形式的变化对农户耕地休养行为的影响仍值得进一步关注。

参考文献 REFERENCES

安婧，宫晓双，陈宏伟，等，2016. 沈抚灌区农田土壤重金属污染时空变化特征及生态健康风险评价 [J]. 农业环境科学学报，1：37-44.

毕继业，朱道林，王秀芳，2010. 耕地保护中农户行为国内研究综述 [J]. 中国土地科学，24 (11)：77-80.

蔡昉，2016. 城镇化必须同农业现代化同步 [N]. 北京日报，02-15 (14).

蔡昉，王德文，都阳，2008. 中国农村改革与变迁：30 年历程和经验分析 [M]. 上海：格致出版社，上海人民出版社.

蔡荣，韩洪云，2011. 合同生产模式与农户有机肥施用行为：基于山东省 348 户苹果种植户的调查数据 [J]. 中国农业科学，44 (6)：1277-1282.

陈美球，冯黎妮，周丙娟，等，2008. 农户耕地保护性投入意愿的实证分析 [J]. 中国农村观察，5：23-29.

陈胜祥，2012. 农民土地情节变迁的经济意义：基于 1 149 份问卷的调查分析 [J]. 青海社会科学，6：80-85.

陈胜祥，黄祖辉，2013. 集体所有制一定会阻碍耕地质量保护吗：基于认知视角的农户耕地质量保护行为研究 [J]. 青海社会科学，2：7-14.

褚彩虹，冯淑怡，张蔚文，2012. 农户采用环境友好型农业技术行为的实证分析：以有机肥与测土配方施肥技术为例 [J]. 中国农村经济，3：68-77.

樊霆，叶文玲，陈海燕，等，2013. 农田土壤重金属污染状况及修复技术研究 [J]. 生态环境学报，22 (10)：1727-1736.

高杨，牛子恒，2019. 风险厌恶、信息获取能力与农户绿色防控技术采纳行为分析 [J]. 中国农村经济，8：109-126.

高瑛，王娜，李向菲，等，2017. 农户生态友好型农田土壤管理技术采纳决策分析：以山东省为例 [J]. 农业经济问题，1：38-47，110-111.

郜亮亮，黄季焜，Scott，R. 等，2011. 中国农地流转市场的发展及其对农户投资的影响

[J]. 经济学季刊，10（4）：1499－1514.

郜亮亮，冀县卿，黄季焜，2013. 中国农户农地使用权预期对农地长期投资的影响分析 [J]. 中国农村经济，11：24－33.

郭珍，吴宇哲，2016. 耕地保护制度执行过程中的"目标替代"：基于多任务代理模型的研究 [J]. 经济学家，6：58－65.

韩枫，朱立志，2013. 西部地区有机肥使用的农户行为分析：以甘肃省定西、临夏为例 [J]. 中国土壤与肥料，7（6）：133－138.

洪炜杰，罗必良，2018. 地权稳定能激励农户对农地的长期投资吗？[J]. 学术研究，9：78－86.

黄季焜，2012. 中国的农地制度、农地流转和农地投资 [M]. 上海：格致出版社.

黄季焜，2018. 四十年中国农业发展改革和未来政策选择 [J]. 农业技术经济，3：4－15.

黄季焜，冀县卿，2012. 农地使用权确权与农户对耕地的长期投资 [J]. 管理世界，9：76－81，99.

黄季焜，杨军，仇焕广，2012. 新时期国家粮食安全战略和政策的思考 [J]. 农业经济问题，3：4－8.

李颖明，王旭，郝亮，等，2017. 重金属污染治理技术：农户采用特征及影响因素分析 [J]. 中国农村经济，1：58－67.

李振宇，黄少安，2002. 制度失灵与技术创新：农民焚烧秸秆的经济学分析 [J]. 中国农村观察，5：11－16，80.

李争，杨俊，2015. 鄱阳湖粮食产区农户休耕意愿及影响因素研究 [J]. 广东农业科学（22）：162－167.

刘乐，张娇，张崇尚，等，2017. 经营规模的扩大有助于农户采取环境友好型生产行为吗：以秸秆还田为例 [J]. 农业技术经济，5：17－26.

刘莹，黄季焜，2010. 农户多目标种植决策模型与目标权重的估计 [J]. 经济研究，1：148－157，160.

龙云，任力，2017. 农地流转制度对农户耕地质量保护行为的影响：基于湖南省田野调查的实证研究 [J]. 资源科学，11：2094－2103.

吕开宇，仇焕广，白军飞，2013. 中国玉米秸秆直接还田的现状与发展 [J]. 中国人口·资源与环境，3：171－176.

罗必良，邹宝玲，何一鸣，2017. 农地租约期限的"逆向选择"：基于 9 省份农户问卷的实证分析［J］. 农业技术经济，1：4-17.

马骥，2009. 我国农户秸秆就地焚烧的原因：成本收益比较与约束条件分析：以河南省开封县杜良乡为例［J］. 农业技术经济，2：77-84.

马贤磊，2009. 现阶段农地产权制度对农户土壤保护性投资影响的实证分析：以丘陵地区水稻生产为例［J］. 中国农村经济，10：31-41.

梅付春，2008. 秸秆焚烧污染问题的成本效益分析：以河南省信阳市为例［J］. 环境科学管理，1：30-37.

米建伟，黄季焜，陈瑞剑，等，2012. 风险规避与中国棉农的农药施用行为［J］. 中国农村经济，7：60-71，83.

钱龙，缪书超，陆华良，2020. 新一轮确权对农户耕地质量保护行为的影响：来自广西的经验证据［J］. 华中农业大学学报（社会科学版），1：28-37.

钱忠好，崔红梅，2010. 农民秸秆利用行为：理论与实证分析：基于江苏省南通市的调查数据［J］. 农业技术经济，9：4-9.

仇焕广，栾昊，李瑾，等，2014. 风险规避对农户化肥过量施用行为的影响［J］. 中国农村经济，3：85-96.

仇焕广，严健标，李登旺，2015. 我国农村生活能源消费现状、发展趋势及决定因素分析：基于四省两期调研的实证研究［J］. 中国软科学，11：28-38.

饶静，2016. 发达国家"耕地休养"综述及对中国的启示［J］. 农业技术经济，9：118-128.

芮雯奕，周博，张卫建，2009. 江苏省农户秸秆还田的影响因素分析［J］. 生态环境学报，5：1971-1975.

沈孝强，吴次芳，2016. 自主参与式农地休养政策：模式和启示［J］. 中国土地科学（1）：68-74.

沈中泉，郭云桃，袁家富，1995. 有机肥料对改善农产品品质的作用及机理［J］. 植物营养与肥料学报，1（2）：54-59.

舒尔茨·西奥多，2006. 改造传统农业［M］. 梁小民，译. 北京：商务印书馆.

宋燕平，徐静，李金才，2012. 农户采用秸秆还田技术不同阶段的影响因素分析［J］. 生态经济：学术版，2：267-270.

王晨，王济民，2018. 预期利润、农业政策调整对中国农产品供给的影响［J］. 中国农村经济，6：101－117.

王如芳，张吉旺，董树亭，等，2011. 我国玉米主产区秸秆资源利用现状及其效果 [J].
　应用生态学报，6：1504－1510.

王学，李秀彬，辛良杰，等，2016. 华北地下水超采区冬小麦退耕的生态补偿问题探讨
　[J]. 地理学报（5）：829－839.

王玉军，陈能场，刘存，等，2015. 土壤重金属污染防治的有效措施：土壤负载容量管
　控法：献给 2015 "国际土壤年" [J]. 农业环境科学学报，34（4）：613－618.

王允圃，刘玉环，阮榕生，等，2011. 有机肥改良农产品品质的科学探索 [J]. 中国农
　学通报，27（9）：51－56.

吴比，刘俊杰，徐雪高，2016. 农户组织化对农民技术采用的影响研究：基于 11 省
　1 022 个农户调查数据的实证分析 [J]. 农业技术经济，8：25－33.

吴海涛，周晶，陈玉萍，2013. 秸秆能源化利用中资源供应持续性分析 [J]. 中国人
　口·资源与环境，2：51－57.

徐志刚，张骏逸，吕开宇，2018. 经营规模、地权期限与跨期农业技术采用：以秸秆直
　接还田为例 [J]. 中国农村经济，3：1－14.

许庆，章元，2005. 土地调整、地权稳定性与农民长期投资激励 [J]. 经济研究，10：
　59－69.

颜廷武，张童朝，何可，等，2017. 作物秸秆还田利用的农民决策行为研究 [J]. 农业
　经营问题，4：39－48.

杨泳冰，胡浩，王益文，2012. 农户以商品有机肥替代化肥的行为分析：基于江苏南通
　市 228 户调查数据 [J]. 湖南农业大学学报（社会科学版），13（6）：1－6，21.

杨志海，2018. 老龄化、社会网络与农户绿色生产技术采纳行为：来自长江流域六省农
　户数据的验证 [J]. 中国农村观察，4：44－58.

杨志海，王雅鹏，麦尔旦，等，2015. 农户耕地质量保护投入行为及其影响因素分析：
　基于兼业分化视角 [J]. 中国人口·资源与环境，25（12）：105－112.

杨志海，王雨濛，2015. 不同代际农民耕地质量保护行为研究：基于鄂豫两省 829 户农
　户的调研 [J]. 农业技术经济，10：48－56.

姚洋，1998. 农地制度与农业绩效的实证研究 [J]. 中国农村观察，6：1－10.

姚洋，2000. 中国农地制度：一个分析框架 [J]. 中国社会科学，2：54－65.

俞海，黄季焜，Scott, R.，等，2003. 地权稳定性、土地流转与农地资源持续利用

［J］. 经济研究，9：82－91，95.

俞振宁，吴次芳，沈孝强，2017. 基于 IAD 延伸决策模型的农户耕地休养意愿研究［J］. 自然资源学报（2）：198－209.

詹姆斯·C. 斯科特，2001. 农民的道义经济学：东南亚的反叛与生存［M］. 程立显，刘建，等，译. 南京：译林出版社.

张驰，张崇尚，仇焕广，等，2017. 农业保险参保行为对农户投入的影响：以有机肥投入为例［J］. 农业技术经济，6：79－87.

张复宏，宋晓丽，霍明，2017. 果农对过量施肥的认知与测土配方施肥技术采纳行为的影响因素分析：基于山东省 9 个县（区、市）苹果种植户的调查［J］. 中国农村观察，3：117－130.

张琳，2010. 焚烧秸秆：外部性及政府管制分析［J］. 中国集体经济，36：25－26.

赵华甫，张凤荣，姜广辉，等，2008. 基于农户调查的北京郊区耕地保护困境分析［J］. 中国土地科学（3）：28－33.

赵其国，滕应，黄国勤，2017. 中国探索实行耕地轮作休耕制度试点问题的战略思考［J］. 生态环境学报，26（1）：1－5.

钟甫宁，纪月清，2009. 土地产权，非农就业机会与农户农业生产投资［J］. 经济研究，12：43－51.

钟甫宁，陆五一，徐志刚，2016. 农村劳动力外出务工不利于粮食生产吗：对农户要素替代与种植结构行为及约束条件的解析［J］. 中国农村经济，7：36－47.

周应恒，胡凌啸，杨金阳，2016. 秸秆焚烧治理的困境解析及破解思路［J］. 生态经济，5：175－179.

朱淀，孔霞，顾建平，2014. 农户过量施用农药的非理性均衡：来自中国苏南地区农户的证据［J］. 中国农村经济，8：17－29，41.

朱民，尉安宁，刘守英，1997. 家庭责任之下的土地制度和土地投资［J］. 经济研究，10：62－69.

朱启荣，2008. 城郊农户处理农作物秸秆方式的意愿研究：基于济南市调查数据的实证分析［J］. 农业经济问题（5）：103－109.

Aimin，H.，2010. Uncertainty，risk aversion and risk management in agriculture［J］. Agriculture and Agricultural Science Procedia，1：152－156.

Ajewole，O. C.，2010. Farmers' response to adoption of commercially available organic fertilizers in Oyo state, Nigeria [J]. African Journal of Agricultural Research, 5 (18): 2497 – 2503.

Ajzen, I., 1991. The theory of planed behavior [J]. Organizational Behavior and Human Decision Processes (50): 179 – 211.

Alan, K. M. Au., Matthew, C. H. Yeung., 2013. Modelling Chinese manufacturers' technology adoption behavior [J]. Journal of Organisational Transformation and Social Change, 4 (2): 131 – 147.

Alchian, A. A. , Demsetz, H. , 1973. The property right paradigm [J]. Journal of Economic History, 33 (1): 16 – 27.

Atanu, S. , Love, H. A. , Schwart, R. , 1994. Adoption of emerging technologies under uncertainty [J]. American Journal of Agricultural Economics, 76 (4): 836 – 846.

Babcock, B. A. , 1992. The effects of uncertainty on optimal nitrogen application [J]. Review of Agricultural Economics, 14 (2): 271 – 280.

Baumgart-Getz, A. , Prokopy, L. S. , Floress, K. , 2012. Why farmers adopt best management practice in the United States: A meta-analysis of the adoption literature [J]. Journal of Environment Management, 96 (1): 17 – 25.

Besley, T. , 1995. Property rights and investment incentives: Theory and evidence from Ghana [J]. Journal of Political Economy, 103 (5): 903 – 937

Bowman, M. S. , Zilberman, D. , 2013. Economic factors affecting diversified farming systems [J]. Ecology and Society, 18 (1): 33.

Brandt, L. , Rozelle, S. , Turner, M. A. , 2004. Local government behavior and property rights formation in rural China [J]. Journal of Institutional and Theoretical Economic Jite, 160: 627 – 662.

Carter, M. R. , Yao, Y. , 1998. Property rights, rental markets and land in China [R]. Department of Agricultural and Applied Economics, Working Paper, University of Wisconsin.

Conway, G. R. , Barbier, E. B. , 2013. After the green revolution: Sustainable agriculture for development [M]. Routledge.

Cooper, J. C. , Osborn, C. T. , 1998. The effect of rental rates on the extension of conservation reserve program contracts [J]. American Journal of Agricultural Economics,

80 (1): 184 – 194.

Deininger, K., Jin, S., 2006. Tenure security and land-related investment: Evidence from Ethiopia [J]. European Economic Review, 50 (5): 1245 – 1277.

Deininger, K., Jin, S. Q., Xia, F., et al., 2014. Moving off the farm: Land institutions to facilitate structural transformation and agricultural productivity growth in China [J]. World Development, 59 (3): 505 – 520.

Dorfman, J. H., Barnett, B. J., Bergstrom, J. C., 2009. Searching for farmland preservation markets: Evidence from the southeastern US [J]. Land Use Policy, 26 (1): 121 – 129.

Feder, G., Nishio, A., 1998. The benefits of land registration and titling: Economic and social perspectives [J]. Land Use Policy, 15 (1): 25 – 43.

Fedoroff, N. V., Battisti, D. S., Beachy, R. N., et al., 2010. Radically rethinking agriculture for the 21st century [J]. Science, 327 (5967): 833 – 834.

Foster, A. D., Rosenzweig, M. R., 2010. Microeconomics of technology adoption [J]. Annual Review of Economics, 2 (1): 395 – 424.

Furubton, E. G., Pejovich, S., 1972. Property rights and economic theory: A survey of recent literature [J]. Journal of Economic Literature, 10 (4): 1137 – 1162.

Gao, L., Huang, J., Rozelle, S., 2010. Cultivate land rental and investment in China [R]. Center for Chinese Agricultural Policy, Chinese Academy of Science Working Paper.

Gedikoglu, H., 2010. Impact of farm size and uncertainty on technology disadoption [C]. Selected Paper Prepared for Presentation at the Southern Agricultural Economics Association Annual Meeting, Orlando, FL.

Goldstein, M., Udry, C., 2008. The profits of power: Land rights and agricultural investment in Ghana [J]. Journal of Political Economy, 116 (6): 981 – 1022.

Greene, W. H., 2008. Econometric Analysis [M]. Granite Hill Publishers.

Huang, J. K., Hu, R. F., Cao, J. M., 2008. Training programs and in the field guidance to reduce China's overuse of fertilizer without hurting profitability [J]. Journal of Soil and Water Conservation, 63 (5): 165A – 167A.

Jacoby, H., Li, G., Rozelle, S., 2002. Hazards of expropriation: Tenure insecurity and investment in rural China [J]. American Economic Review, 92 (5): 1420 – 1447.

Kamran, A., Win, M. C., 2015. Heavy metal accumulation in soils and grains, and health risks associated with use of treated municipal wastewater in subsurface drip irrigation [J]. Environmental Monitoring &. Assessment, 187 (7): 410.

Khanna, M., 2001. Sequential adoption of site-specific technologies and its implications for nitrogen productivity: A double selectivity model [J]. American Journal of Agricultural Economics, 83 (1): 35 – 51.

Li, G., Rozelle, S., Brandt, L., 1998. Tenure, land rights and farmer investment incentives in China [J]. Agricultural Economics, 19 (1): 63 – 71.

Liebenhm, S., Waibel, H., 2014. Simultaneous estimation of risk and time preferences among small-scale cattle farmers in West Africa [J]. American Journal of Agricultural Economics, 96 (5): 1 – 40.

Lohr, L., Park, T. A., 1995. Utility-consistent discrete-continuous choices in soil conservation [J]. Land Economics, 71 (4): 474 – 490.

Lu, F., Wang, X., Han, B., 2009. Soil carbon sequestrations by nitrogen fertilizer application, straw return and no-tillage in China's cropland [J]. Global Change Biology, 15 (2): 281 – 305.

Lu, H., 2019. Impact of non-agricultural employment and environmental awareness on farmers' willingness to govern the heavy metal pollution of farmland: A case study of China [J]. Sustainability, 11: 2068.

Lu, H., Xie, H L., Yao, G. R., et al., 2019. Determinants of cultivated land recuperation in ecologically damaged area in China [J]. Land Use Policy, 81: 160 – 166.

Lu, H., Xie, H. L., 2018. Impact of changes in labor resources and transfers of land use rights on agricultural non-point source pollution in Jiangsu Province, China [J]. Journal of Environmental Management, 207: 134 – 140.

Lu, H., Zhang, P. W., Hu, H., et al., 2019. Effect of the grain-growing purpose and farm size on the ability of stable land property rights to encourage farmers to apply organic fertilizers [J]. Journal of Environmental Management, 251: 109621.

Luo B., J B, Li., G H, Huang. et al., 2006. A simulation-based interval two-stage stochastic model for agricultural nonpoint source pollution control through land retirement

［J］. Science of the Total Environment，361（1）：38 - 56.

Maggio，A.，Carilloo，P.，Giovanni Serafino，B.，2008. Potato yield and metabolic profiling under conventional and organic farming ［J］. European Journal of Agronomy，28：343 - 350.

Mesnard，A.，2004. Temporary migration and capital market imperfections ［J］. Oxford Economic Papers，56（2）：242 - 262.

Papatheodorou，E. M.，Kapagianni，P.，Georgila，E. D.，et al.，2013. Predictability of soil succession patterns under different agricultural land use practices：Continual conventional cultivation versus transformation to organic cultivation or fallow periods ［J］. Pedobiologia，56（4 - 6）：233 - 239.

Prokopy，L. S.，Floress，K.，Klotthor-Weinkauf，D.，et al.，2008. Determinants of agricultural best management practice adoption：Evidence from the literature ［J］. Journal of Soil and Water Conservation，63（5）：300 - 311.

Reimer，A. P.，Graming，B. M.，Prokopy，L. S.，2013. Farmers and conservation programs：Explaining differences in environmental quality incentives program applications between states ［J］. Journal of Soil & Water Conservation，68（2）：110 - 119.

Saha，A.，and R. Schwart.，1994. Adoption of emerging technologies under output uncertainty ［J］. American Journal of Agricultural Economics，76（4）：836 - 846.

Sattler，C.，Nagel，U. J.，2010. Factors affecting farmers' acceptance of conservation measures：A case study from north-eastern Germany ［J］. Land Use Policy，27（1）：70 - 77.

Sri Ramaratnam，S.，Bessler，D. A.，Edward Rister，M.，1987. Fertilization under uncertainty：An analysis based on producer yield expectations ［J］. American Journal of Agricultural Economics，69（2）：349 - 357.

Stuart，D.，Schewe，R. L.，McDermott，M.，2014. Reducing nitrogen fertilizer application as a climate change mitigation strategy：Understanding farmer decision-making potential barriers to change in the US ［J］. Land Use Policy，36：210 - 218.

Wang，Y.，Zhu，Y. C.，Zhang，S. X.，et al.，2018. What could promote farmers to replace chemical fertilizers with organic fertilizers ［J］. Journal of Cleaner Production，199：882 - 890.

Wu, J. J. , Adams, M. R. , Kling, C. L. , et al. , 2011. From microlevel decisions to landscape changes: An assessment of agricultural conservation policies [J]. American Journal of Agricultural Economics, 86 (1): 26 - 41.

Xie, H. L. , Cheng L, J. , Lu, H. , 2018. Farmers' response to the winter wheat fallow policy in the groundwater funnel area of China [J]. Land Use Policy, 73: 195 - 204.

Xu, H. , Huang, X. J. , Zhong, T. Y. , et al. , 2014. Chinese land policies and farmers' adoption of organic fertilizer for saline soils [J]. Land Use Policy, 38: 541 - 549.

Yao, C. , Chen, C. , Li, M. , 2012. Analysis of rural residential energy consumption and corresponding carbon emissions in China [J]. Energy Policy, 41: 445 - 450.

后 记 POSTSCRIPT

————————————————————————————

本书是多年来我和我的研究生集体科研成果的集成，是我们共同努力的结晶，不少研究成果已在相关学术期刊公开发表。尽管有些政策和研究背景发生了变化，但为了反映当时的研究进展，本书并没有对相关文献进行更新，也没有根据新的变化对研究内容或研究结论进行调整。本书历经4年多的资料收集、反复研讨和伏案编著，最终定稿整理出版，是我的团队多年关注农户耕地休养行为的一个阶段性总结，更是下一步继续开展耕地保护研究的系统思考。在此，也衷心感谢江西财经大学应用经济学院研究生段娜、罗佳伟和王冠在本书撰写和校对中所付出的努力。

本书撰写过程中，吸收了农户耕地质量保护和土地利用行为分析研究领域的大量新成果，在此向有关作者致以诚挚的谢意。同时，由衷感谢不辞辛劳为本书提供专业、独特和翔实意见的各位专家，他们的意见和建议促使本书不断完善。由于本书是较早系统围绕耕地利用的"产前-产中-产后"方面，分析异质性农户耕地质量保护行为的一次尝试，书中难免存在诸多不足之处，敬请读者批评指正。

本书先后得到了国家自然科学基金青年项目"农户异质性视角下农地流转和地权稳定与耕地休养行为研究"（编号：71803071）、"农户耕地重金属污染防治的信息干预机制与政策优化研究——以鄱阳湖地区为例"（编号：20224BAB205048）和江西财经大学"生态产品价值实现"A 类学科创新团队的联合资助，在此一并表示感谢。

卢　华

2023 年 4 月

图书在版编目（CIP）数据

中国农户耕地休养行为研究：理论与经验 / 卢华著
. —北京：中国农业出版社，2023.9
ISBN 978-7-109-30889-3

Ⅰ.①中… Ⅱ.①卢… Ⅲ.①耕地保护-研究-中国
Ⅳ.①F323.211

中国国家版本馆 CIP 数据核字（2023）第 126878 号

中国农业出版社出版

地址：北京市朝阳区麦子店街 18 号楼
邮编：100125
责任编辑：闫保荣
版式设计：王　晨　责任校对：吴丽婷
印刷：北京通州皇家印刷厂
版次：2023 年 9 月第 1 版
印次：2023 年 9 月北京第 1 次印刷
发行：新华书店北京发行所
开本：700mm×1000mm　1/16
印张：9.25
字数：150 千字
定价：68.00 元
